ウー・ウェンの
中国調味料&
スパイスの
おいしい使い方

高橋書店

調味料&スパイス使いの名人になって中国家庭料理をもっと楽しんでください！

例えばお友だちのお宅へごはんに呼ばれ、きゅうりの和え物が出され、「これって、中国の味がする」と思ったとします。きゅうりは近くのスーパーで買ったもので、ふだんと同じ材料だし、切り方もさほど違うわけじゃない。多少、作り方に個人差があるかもしれませんが、それは味を変える決定的なことではありません。

では何が「いつもの味」と違うのでしょうか？　それはたぶん味覚の記憶の中で、中国料理に使われていた調味料を覚えていて、それと同じ味や香りを、今食べている料理の中にかぎとったからではないでしょうか。

味つけ、つまり調味料こそ、その土地、その地方、その国らしさを感じさせる料理の味を決める鍵なのだと思います。ですから、家庭でおいしい中国料理を作りたいと思うなら、まずは中国の基本調味料のこと、その使い方を知ってほしいと、かねがね思っていました。

中国にはいろいろな調味料がありますが、中国料理らしさを出す5つの基本調味料と風味を与える5つのスパイスに絞り、その使い方をお伝えしていきたいと思いました。

5つの基本調味料とは甜麺醤《テンメンジャン》、豆板醤《トウバンジャン》、腐乳《フールウ》、豆豉《トウチ》、オイスターソース。どれも発酵食品で、それぞれ独特な香りとまろみ、深い味わい、コクがあります。そして何といっても体にやさしい、つまりは吸収しやすい。水、油、塩は人間には不可欠ですが、体をいたわり元気にしてくれる調味料は発酵食品だと思います。これらは、もともと調味料というより、食べ物と考えてもいいくらいです。この食べ物がほかの素材をおいしくさせるというのは、実にすばらしいことだと思います。

そして5つの基本スパイスとは、花椒《ホワジャオ》、八角《はっかく》、クミン、五香粉《ウーシャンフェン》、陳皮《ちんぴ》。これらはみないってみれば日常使いの漢方です。食べておいしく、それ以上に体にいい。まさに医食同源というわけです。

この中にはおなじみの調味料やスパイスがあると思います。でもちょっと使って冷蔵庫の奥で眠ったまま、いつ買ったのかとうに忘れ去られているものもあるのではないでしょうか。これはとてももったいないこと。こういうふうに生かすのか、ああいうふうに使うのか、ご紹介するレシピを通して、ひとつひとつ覚えていただければと思いました。ひと通り作ると、それがヒントになり、応用が広がります。そうなればお宅の台所は、日本にいながらにして中国家庭料理の台所になります！　いつものおかず作りに、またお客様のおもてなしに役立てていただけたら、こんなにうれしいことはありません。

目次

○この本で表示した小さじ1は5㎖、大さじ1は15㎖、1カップは200㎖です。

甜麺醤

テンメンジャン

小麦粉文化圏である中国北部地方から生まれた調味料で、小麦粉に麹を加えて発酵させた甘いみそです。世界的に有名な北京《ペイジン》烤鴨《カオヤー》（北京ダック）をはじめ、回《ホイ》鍋《コウ》肉《ロウ》（ゆで肉のみそ炒め）、醤爆《ジャンバオ》鶏丁《ジーティエン》（鶏肉のみそ炒め）など、北京料理の特徴のひとつといわれる「みそ」とは、この甜麺醤のこと。見た目はつやのある黒みがかった濃い茶色をしていますが、舐めてみるとコクのある甘みが口の中に広がります。作る過程でもふつうのみそより塩分が少なく、加熱しているので、そのまま食べられる甘みそとして広く親しまれています。小麦粉が原料なので、なめらかなとろみをもち、からみやすいので和えたり塗ったりするものにも向き、甘みを生かした炒め物や煮物など、隠し味としても大活躍する調味料です。

そのままでタレやソースに

舐めておいしい甘みをそのまま生かします。この甘みは、素材のもつ甘みと引き合って抜群の相性のよさを感じさせるので、野菜にはほぼ万能。肉ならほのかな甘みをもつ豚肉、鶏肉、鴨肉に向くので、ゆでたり蒸したりローストしたもののタレにします。

そのまま、あるいは＋スパイスで炒め物に

炒め物に使うとそのままで味が決まります。甘みがおいしい野菜と鶏肉、豚肉などの炒め物には特におすすめ。またスパイスをいっしょに使うと、甘みがしまり、使うスパイスの個性で違う味に仕上がります。スパイスは香りを混ぜず、1種類でプラスするのがコツ。

辛い料理の隠し味に。＋豆板醤でタレや炒め物に

辛みのある料理に加えると、まろみとコクが深くなります。特に豆板醤との相性は抜群で、互いの味を引き立て合う効果あり。炒め物の味つけによし、和え物のタレやソースなどにもよしと、さまざまに使える組み合わせです。

即席調味料にもなる肉みそに

甘みだけでなく奥行きのある発酵調味料のよさを十二分にもつ甜麺醤に、いつも使っているみそを合わせて作る肉みそは、ご飯や麺のともになるだけでなく、煮物や炒め物の屈強な即席調味料にもなり、重宝するので特にご紹介したいと思います。

そのまま タレやソースに

まろやかでコクのある甘みが特徴の甜麺醤は、
そのまま食べてもおいしいので、
練りみそのように何かにつけて食べるのが第一。
粉食が多彩な北京では、焼餅や饅頭などに塗って楽しみますし、
肉や魚介、野菜にかければ
それだけでおいしいソースにもなります。

蒸し豚

肉自体に甘みがある豚肉と甜麺醤は、互いの甘みが引き合う相性抜群の取り合わせ。ふっくら蒸して甜麺醤をつけ、サラダ菜やレタスなどで包んで味わいます。味がよく柔らかい豚バラ肉が絶品ですが、脂が多いのが難点。蒸せば余分な脂も落ちるので、おすすめの食べ方です。

［材料］4人分
豚バラ肉（かたまり）…… 400g
酒（できれば紹興酒）…… $\frac{1}{2}$カップ
粗塩 …… 大さじ1
甜麺醤 …… 適量
サラダ菜 …… 適量

［作り方］

1 豚肉は長さを半分に切り、酒をふってひと晩漬け、汁けをきって粗塩を全体にこすりつけ、4～5時間おく。

2 蒸気の上がった蒸し器に入れ、40分蒸し、火を止めて20分おく。

3 **2**を薄く切り、サラダ菜にのせ、甜麺醤をかけていただく。

豚バラ肉は酒、できれば香りのよい紹興酒に漬け込み、ひと晩おく。時間がないときでも最低2時間は漬け込むこと。

豚肉は40分蒸して火を止めたらそのまま20分おく。これが蒸し豚をふっくらおいしくする一番のポイント。

そのまま
タレやソースに

北京ダック

北京のご馳走といえば、これです。北京には小麦粉を薄く焼いておかずを包んで食べる伝統食があります。特に立春を祝って焼く薄い餅《ピン》を春餅《チュンピン》と呼びますが、今では時期に関係なくこの名が定着。その代表的な食べ方が北京ダックです。小麦粉で作る甜麺醤と小麦粉で作る春餅。小麦粉同士、理にかなったおいしい組み合わせです。フライパンで手軽に作るウー・ウェン流北京ダックと楽しく焼いた春餅で甜麺醤の偉大さを味わってください。

［材料］4人分
合鴨ロース肉……1枚
はちみつ……大さじ1
こしょう……少々
長ねぎのせん切り……適量
春餅（12ページ参照）……12枚
甜麺醤……適量

［作り方］

1　鴨肉にはちみつをまんべんなく塗り、こしょうをふってひと晩おく。

2　フライパンを中火で熱し、1を皮を下にして焼く。脂が出てきたら裏返し、ふたをして7分ほど焼く。もう一度返して皮側を5分ほど焼く。菜ばしを刺して透明な汁が出てきたら焼き上がり。

3　2を薄く切って器に盛り、ねぎのせん切り、春餅、甜麺醤を添える。

鴨肉を覆うように、はちみつを全体に塗ってひと晩なじませる。これが〝フライパンでおいしく作る北京ダック〟の隠し技。

鴨の皮から出た脂で身側を焼くのがポイント。ふたをし、じっくり蒸し焼きにし、もう一度返して皮をパリッと焼き上げる。

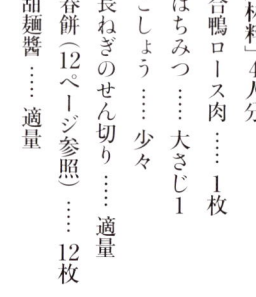

春餅の作り方

クレープのように薄い生地にするために、油をつけて2枚の生地を重ねてのばし、焼いてからはがすという合理的な方法で作ります。

[材料]直径18cm×12枚分
強力粉 …… 100g
薄力粉 …… 100g
熱湯 …… 170mℓ
サラダ油 …… 大さじ1
打ち粉(強力粉) …… 適量

生地を作る

1 ボウルに強力粉と薄力粉を入れて菜ばしで混ぜ、表面を平らにして熱湯を手早く回し入れる。

2 熱湯をかけたところは煮えて半透明になるので、これを生の粉と手早く混ぜ合わせる。菜ばしが重くなってきたら短く持ちかえ、よく練り混ぜる。

3 手が入れられる程度に温度が下がるまで練り混ぜ、手のひらを使ってボウルの中でよくこねる。

4 全体になめらかになったらひとつにまとめ、かたく絞ったぬれぶきんをかけて15分ほどねかせ、余熱を完全にとる。

成形する

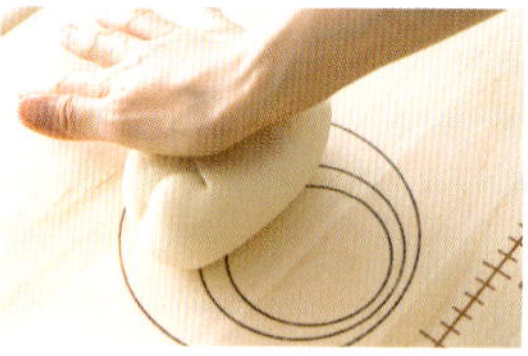

5 台に打ち粉少々をふり、生地をとり出す。下になっていたほうを上にして置き、外側から内側に折り込むようにして生地をこねる。

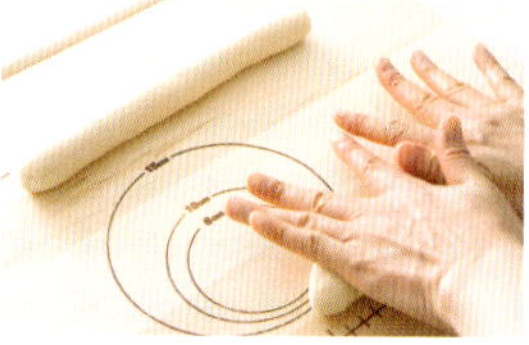

6 長方形に整えて半分に切り、1本ずつ両手で転がしながら20cm長さの棒状に均一にのばす。

7 生地を6個ずつに切り分ける。前後90度に生地を回転させながら切るのがコツ。切り口が裏表で逆になり、丸くのばしやすい。

8 台に打ち粉をほんの少しふり、**7**の切り口に粉をつけ、手のひらで軽くたたくようにして押しつぶし、平らにする。

9 同じ大きさの2個をひと組にし、1個に油をつけ、つけた面を下にしてもう1個の生地に重ね、手のひらで押さえる。

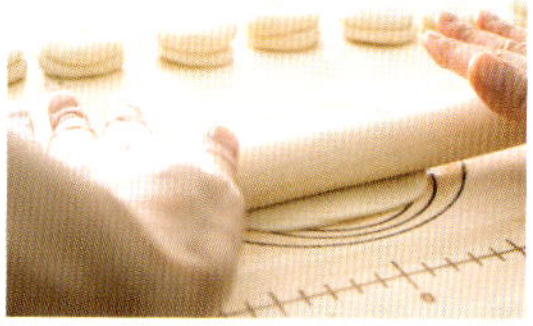

10 重ね合わせた生地をめん棒で均一にのばす。中央から四方へ向けてめん棒を転がし、縁にきたら止めるようにするのがコツ。直径約18cmにのばす。

焼く

11 フライパンを中火で熱し、生地を入れる。10秒ほどで生地に透明感が出て、気泡のふくらみが出てくる。

12 全体に気泡が広がったらフライ返しで裏返し、さらに10秒ほど焼く。

13 生地がさらにふくれ、うっすらと焼き色がついてきたら焼き上がり。

14 器にとり出し、フライ返しで押さえて中の熱い空気を抜く。

15 縁から少しずつはがして2枚に分ける。焼き色のついた面を外側にして半分に折り、器に盛りつける。

野菜のディップに

食べやすく切った野菜に甜麺醤を添えるだけで、前菜やおつまみになります。あっという間にできるので、彩りよく盛り合わせ、おもてなしの最初の1品にすると、とても重宝します。野菜ならフレッシュなものでも、ゆでたものでもほとんど合いますので、いろいろ試してみてください。

そのまま
タレやソースに

ゆでたえびに

えびの甘みが甜麺醤の甘みと引き合い、絶妙なハーモニーを奏でます。えびをゆでて、甜麺醤を添えるだけ、なのに驚くほどおいしい逸品になります。えびのピンクに映える香菜などの緑を盛り合わせれば、これもおもてなしの人気オードブルになります。えびをゆでるときは、湯を煮立て、5％の酒（湯1ℓに対して酒50㎖の割合）を入れた中でゆでるのがコツです。

甘みがおいしい炒め物に

いつ作っても甘めのみそ炒を
間違いのない味に仕上げられるのは甜麺醤のチカラ。
炒めることで甜麺醤の風味が立ってきて、
コクのある炒め物に仕上がります。

鶏ささ身とカシューナッツの炒め物

鶏肉の甘みそ炒め（醤爆《ジャンバオ》鶏丁《ジーティエン》）は北京を代表する料理のひとつです。醤とはみそのことで、北京のみそといえば甜麺醤です。さいの目に切った（丁）鶏肉を甜麺醤でさっと炒めたものというわけです。この名品を家庭で作りやすいようにしました。淡白な鶏ささ身とカシューナッツは、ともにほんのり甘みのある素材。コクのある甘さが身上の甜麺醤で炒めると、ぐんと味に深みが増し、ご飯の進むとてもよいおかずになります。

[材料] 4人分

鶏ささ身……4本（約200g）
　こしょう……少々
　酒……大さじ1
　塩……小さじ1/4
　片栗粉……小さじ1/2
カシューナッツ……30g
きゅうり……1本
甜麺醤……大さじ1/2
塩……ひとつまみ
サラダ油……大さじ2

[作り方]

1 鶏ささ身は1.5cm角くらいに切り、こしょう、酒、塩、片栗粉をまぶして下味をつける。

2 きゅうりはたたきつぶし、3cm長さに切る。

3 炒め鍋にサラダ油とカシューナッツを入れて火にかけ、全体に油が回るくらいまで炒めたらとり出す。

4 3の鍋に1を入れ、しっかり炒める。ささ身に火が通ったら甜麺醤を加えてからめるように炒め、塩で味を調える。

5 4に2を加え、3のカシューナッツも戻し入れ、さっと炒め合わせる。

カシューナッツは常温の油から炒めはじめ、色づかないくらいにさっと炒めてとり出すのがコツ。

鶏ささ身はしっかり火を通してから調味するのがコツ。甜麺醤を加えたらささ身にからめるようにして味をつけていく。

甜麺醤＋スパイスで炒める

スパイスをほんの少し加えると、甘みがしまり、香り高い炒め物になります。合わせるスパイスの個性の違いにより、同じ甜麺醤炒めでも味の印象がガラリと変わるのが特徴です。

回鍋肉《ホイコウロウ》

甜麺醤に花椒と赤唐辛子を合わせ、甘みのある豚肉とキャベツを香りよくピリッと辛みをきかせて炒めます。豆苗とゆで豚を豆板醤で炒めた四川料理の回鍋肉とはまたひと味違ったおいしさが楽しめます。ちなみに回鍋肉とは、一度ゆでた肉を再び鍋に戻して料理したものという意味。豚肉のかたまりをゆでて保存し、少しずつ切り出してあり合わせの野菜と炒めておかずにした昔ながらの知恵料理です。

肉にからみやすいようあらかじめ甜麺醤に酒、黒酢、塩を混ぜて溶きのばしておく。

花椒、赤唐辛子は焦げやすいので、炒め油に入れてから火にかけ、香りよく炒める。

肉は下ゆでしてあるので、合わせ調味料をからめる程度の炒め具合でOK。

［材料］4人分

豚肉（しょうが焼き用）……200g
キャベツ……150g
花椒……20粒
赤唐辛子……1～2本
合わせ調味料
　甜麺醤……大さじ1
　酒……大さじ1
　黒酢……大さじ½
　塩……ひとつまみ
サラダ油……大さじ1

［作り方］

1 キャベツはひと口大に切る。

2 甜麺醤にほかの調味料を混ぜ、合わせ調味料を作る。

3 鍋に湯を沸かし、**1**をくぐらせる程度にさっとゆでて水けをきる。同じ熱湯で豚肉をさっとゆでで、水けをきる。

4 炒め鍋にサラダ油、花椒、輪切りにした赤唐辛子を入れて火にかけ、香りが立ってきたら**3**の豚肉を入れて炒める。全体に油がなじんできたら、**2**を加える。全体にからんだら、**3**のキャベツも入れ、さっと炒め合わせる。

苦瓜と厚揚げの炒め物

苦瓜によく合うこしょうを、甜麺醤と合わせます。ピリッとした辛みが甜麺醤の甘みの中で際立つ炒め物。厚揚げにからめるようにして炒め、仕上げに苦瓜を加えてざっと合わせて炒め上げます。

最初にこしょうを油に入れてから火にかけ、充分に香りを出すのがポイント。

長ねぎ、厚揚げを炒め合わせ、全体に油がなじんだところで甜麺醤を入れる。

苦瓜は下ゆでしてあるので、最後に加え、ざっと混ぜるように炒めるだけでOK。

［材料］4人分

苦瓜……1本
厚揚げ……1枚
長ねぎ……1本
粗びきこしょう……小さじ½
甜麺醤……大さじ1
塩……ひとつまみ
サラダ油……大さじ1

［作り方］

1 苦瓜は縦半分に切って種とわたをスプーンでかき出し、薄切りにしてさっとゆで、水けをきる。

2 厚揚げはひと口大に切る。

3 長ねぎは斜め薄切りにする。

4 炒め鍋に油とこしょうを入れて火にかけ、香りが立ってきたら、3と2を順に入れて炒め合わせる。全体に油がなじんできたら甜麺醤を加えてさっと炒め、全体にからんだら苦瓜を入れて炒め合わせ、塩で味を調える。

辛い料理の隠し味。甜麺醤＋豆板醤使い

甜麺醤と豆板醤は抜群の相性。甜麺醤の甘みが豆板醤を加えることで抑えられ、さっぱりした味わいになり、逆に豆板醤の辛さに甜麺醤の甘みが隠し味になります。炒め物の調味料やタレ、ソースなどにも応用がききます。

ピーマン炒め

辛い炒め物に甜麺醤。この組み合わせを覚えておくと、単品の野菜炒めもちょっとコクのある味に仕上がり、簡単なのにあと引く味わいです。

[材料] 4人分

ピーマン …… 4～5個
豆板醤 …… 小さじ1
甜麺醤 …… 大さじ½
サラダ油 …… 大さじ1

[作り方]

1 ピーマンはへたを落とし、種を除いて5㎜幅の輪切りにする。

2 炒め鍋に油を熱し、1を入れて炒める。油がなじみ、ピーマンの香りが出てくるまで炒め、豆板醤を加えてざっと炒め、甜麺醤を入れて全体に味がなじむまで炒める。

ピーマンをまずじっくり炒めてから豆板醤を入れ、からんだら甜麺醤を加える。

豆板醤で味をつけたあとに甜麺醤を入れ、からめるように仕上げるのがポイント。ひと口食べるとピリッと辛く、食べているうちに甜麺醤のまろやかな甘みがコクとして感じられる逸品。なすさえあれば、ご飯の進むおかずのでき上がりです。

なす炒め

[材料]4人分

なす……4～5本
にんにく……1かけ
甜麺醤……大さじ$\frac{1}{2}$
豆板醤……大さじ$\frac{1}{2}$
サラダ油……大さじ2

[作り方]

1 なすは皮をむいて8等分に切る。

2 にんにくはたたいてつぶす。

3 炒め鍋に油を熱し、1を入れて炒める。油がなじむまでじっくり炒め、豆板醤を加えてからめる。

4 なすがしんなりしてきたら甜麺醤を加えて炒め合わせる。仕上げに2を加えてざっと混ぜ、香りを移す。

なすは皮を全部除くと味がしみやすくなる。ピーラーを使うとあっという間にむける。

豆板醤でなすをよく炒めてから甜麺醤を加えることで絶妙な隠し味が生まれる。

辛い料理の隠し味。
甜麺醤＋豆板醤使い

蒸し長芋とれんこんの甘辛ダレ

蒸した長芋とれんこんを甘辛ダレで和えるだけ。こんな使い方もあったのだと目からウロコのおいしさです。大根、なす、ブロッコリーなどほかの蒸し野菜でも美味！

［材料］4人分
長芋……300g
れんこん……100g
甘辛ダレ
　甜麺醤……大さじ1
　豆板醤……大さじ1

［作り方］
1　長芋、れんこんはともに皮をむいて1cm幅くらいの輪切りにし、酢水（分量外）につけて10分ほどおく。
2　蒸気の上がった蒸し器に、水けをきった**1**を並べ、8分ほど蒸す。
3　甘辛ダレを蒸し上がった**2**にからめて器に盛る。

甘辛ダレ
甜麺醤と豆板醤を同量で混ぜるだけの黄金ダレで、かけても和えても美味。

焼きマッシュルームの甘辛ダレ

甘辛ダレを焼いたマッシュルームにかけるだけ。ご飯のおかずによし、ビールのつまみによしの小菜になります。

［作り方］

1　炒め鍋に油を熱し、マッシュルームを入れて炒める。全体に油が回ってきたら酒をふり、ふたをして2分ほど蒸し煮する。ふたをとり、水けがなくなるまで強火で炒りつける。

2　器に盛り、甘辛ダレをかけ、パセリを散らす。

［材料］4人分

マッシュルーム（白とブラウン）……各6個

サラダ油……大さじ1

酒……大さじ2

パセリのみじん切り……大さじ1

甘辛ダレ

- 甜麺醤……大さじ1
- 豆板醤……大さじ1

焼き肉のソースに

辛さと甘みの黄金バランスが、焼き肉にもよく合います。レタスなどの野菜に焼き肉をのせ、甘辛ダレをかけて包んでパクッと食べてください。

［作り方］

1　レタスは葉をはがし、玉ねぎは繊維を断つように薄切りにする。

2　ホットプレートなどに油を熱し、牛肉を並べて焼き、焼き上がった肉と玉ねぎをレタスにのせ、甘辛ダレをかけて食べる。

［材料］4人分

牛肉（焼き肉用）……250g

レタス……1個

玉ねぎ……小1個

甘辛ダレ

- 甜麺醤……大さじ2
- 豆板醤……大さじ2

サラダ油……大さじ1

甜麺醤＋みそで肉みそ

ふだんみそ汁などに使っている手持ちのみそと甜麺醤で、おいしい肉みそができます。ご飯にのせて食べるとこれだけでお代わりするほどおいしいし、野菜のディップにしても美味。冷蔵庫で4～5日は保存できるので、多めに作っておくと重宝します。

[材料] 作りやすい分量
豚バラ薄切り肉……150g
甜麺醤……大さじ4
みそ……150g
しょうがのみじん切り
……1かけ分
ねぎのみじん切り……10㎝分
酒……大さじ2
サラダ油……大さじ3

1 甜麺醤とみそを混ぜ合わせ、水150㎖を少しずつ加えて溶きのばす。

2 豚肉は7～8㎜幅に切る。炒め鍋に油と豚肉を入れ、肉の色が変わったら酒を入れてアルコール分をとばし、炒める。

3 2にしょうが、ねぎを加えて炒め、香りが出てきたら1を加え、混ぜながらよく炒める。

4 鍋の縁に脂が戻ってきたらでき上がり。粗熱がとれたら容器に入れる。冷蔵庫で4～5日は保存できる。

ジャージャー麺

肉みそや生野菜をゆで麺にのせ、和えながら食べるこの麺料理は、日本でも人気。北京の家庭料理、炸醬（ジャージアン）麺（ミエン）からのアレンジです。本来はゆでうどんにのせて食べますが、この肉みそがあればどんな麺でも美味。かけて和えるだけで本格的な味に仕上がります。

［材料］2人分
中華麺……2玉
肉みそ（22ページ参照）……大さじ4〜5
セロリ……1本

［作り方］
1 セロリは葉とともにみじん切りにする。
2 中華麺は表示通りゆでて、湯をきって器に盛る。肉みそと**1**をのせ、よく混ぜていただく。

中国風肉じゃが

じゃが芋と玉ねぎがあれば肉じゃがができるというマジック。これも肉みそがあってこその逸品です。

［材料］4人分

じゃが芋……4個

玉ねぎ……1個

肉みそ（22ページ参照）……大さじ5

［作り方］

1　じゃが芋は皮をむき、大きければ食べやすく切る。

2　玉ねぎは繊維を断つように薄切りにする。

3　鍋に**1**と水1カップを入れて火にかけ、煮立ったら弱火にし、ふたをして15分煮る。

4　**3**に肉みそを入れ、さらに10分ほど煮、**2**をのせてふたをし、火を止めて10分ほどおけばでき上がり。

青菜炒め

肉みそは野菜を炒めるときにXO醤のような調味料として使えます。青梗菜でもキャベツでも応用がきき、ほうれん草やブロッコリー、カリフラワーはさっとゆでてから同様に炒めます。

［材料］4人分

小松菜……250g

肉みそ（22ページ参照）……大さじ3

サラダ油……大さじ1

［作り方］

1 小松菜は根元を切り落とし、2㎝幅くらいに切る。

2 炒め鍋に油を熱し、1を入れてさっと炒める。少ししんなりしてきたら肉みそを加えて炒め合わせる。

レタス入り炒飯《チャーハン》

材料はシンプルなのに、肉みそのおかげで炒飯ってこんなにおいしかったのか、とうならせる味に仕上がります。

［材料］2人分

ご飯……2人分

レタス……3枚

肉みそ（22ページ参照）……大さじ3

サラダ油……大さじ1

［作り方］

1 レタスは粗みじん切りにする。

2 炒め鍋に油を熱し、ご飯を入れてほぐしながら炒める。全体に油がなじんできたら肉みそを加え、レタスも入れてざっと混ぜながら炒め合わせる。

豆板醤

トウバンジャン

揚子江流域のそら豆の産地で作られてきた調味料です。ちなみに豆板醤の「豆」とはそら豆、「板」とはそら豆を割って2枚にした状態、「醤」とはみそのこと。そら豆に麹と塩水を加えて発酵させたみそが豆板醤で、本来は辛いものではありません。これに唐辛子を混ぜて辛みをきかせたのが豆《トウ》板《バン》辣醤《ラージャン》。日本では一般的にこれを豆板醤と呼んでいます。本場四川は唐辛子の産地、そら豆のみそとは出合うべくして出合い、辛いそら豆みそが生まれたというわけです。今や中国全土でご当地の豆板醤が作られていますが、四川では充分に火を通しても辛く、そら豆のコクと香りがあるものがよしとされ、ほかの地域より辛みが強いのが特徴です。豆板醤の魅力は辛みのみならず発酵調味料特有のうま味と塩け、かすかな酸味が混ざり合う風味で、これを生かして味を決めます。

そのまま炒め物に

一気に加熱することで豆板醤の辛みとうま味を引き出す料理といえば炒め物。やさしい味、シンプルな味にパンチをきかせるにはもってこいの調味料です。

スパイス、香味野菜をプラスして炒め物に

スパイスや香味野菜の「香り」と＋豆板醤の「辛み＆コク」をダブルで使うと、炒め物に奥行きある味わいが生まれます。スパイスなど「香り」を先に炒めてから豆板醤をからめるように炒め合わせる方法と、豆板醤を炒めてから最後に「香り」を合わせる方法があります。

かけたり、和えたりのタレやソースに

豆板醤は発酵調味料なので基本的に加熱しないで使えます。ごま油を混ぜてまろみと香りをプラスしたり、それにスパイスを加えるだけで、ゆでた野菜が、シンプルな和え物が、蒸した魚介や卵料理が、驚きの逸品に変わります。

黒酢、はちみつ、ごま油を混ぜて甘辛酸っぱいソースに

こってりとした甘辛味にさわやかな酸味が混ざると、それぞれの味の角が相殺され深みのある味に変わります。このソースはそのまま和え物に使えるし、熱々のあんにして肉のから揚げなどにからめて使うこともできます。

そのまま炒め物に

発酵調味料ならではのうま味のある辛さが持ち味の豆板醤は、これだけで炒め物の優秀な調味料になります。

卵、きくらげ、にんにくの茎の炒め物

やさしい味の卵ときくらげを、豆板醤をきかせてピリッと炒めます。いっしょに炒める豚肉は、あくまで味だし用。にんにくの茎は本来なら油通ししたいところですが、たたきつぶしてから切ればそのまま炒めても味がなじみます。

鍋の縁から少しずつ卵が固まってきたら菜ばしで大きくゆっくり混ぜてとり出す。

にんにくの茎を加えて香りが立つまで炒めてから、豆板醤を入れ、からめるように炒め合わせる。

最後に卵を戻し入れ、ざっと混ぜながら味をなじませる程度に炒めてでき上がり。

[材料] 4人分

卵……3個
豚こま切れ肉……100g
　こしょう……少々
　酒……大さじ1
　片栗粉……小さじ1/2
きくらげ(乾物)……5g
にんにくの茎……100g
酒……大さじ1
豆板醤……大さじ1/2
サラダ油……大さじ2

[作り方]

1 豚肉はこしょう、酒、片栗粉をまぶして下味をつける。

2 きくらげは水に1時間ほど浸してもどし、石づきを除いて水けを絞る。

3 にんにくの茎はたたきつぶし、3cm長さに切る。

4 炒め鍋に油大さじ1 1/2を熱し、溶いた卵を流し入れる。固まってきたら大きくかき混ぜ、とり出す。

5 4の鍋に油大さじ1/2を入れて熱し、1を入れて炒める。肉の色が変わったら3を入れ、香りが出るまで炒める。2を加えて酒をふり、炒め合わせ、豆板醤を加えてからめ、3の卵を戻し入れて、手早く炒め合わせる。

魚介の辛いみそ炒めです。味の出る玉ねぎ、しいたけを豆板醤でよく炒めてから、えび、帆立貝柱、いかなどの魚介を炒め合わせるのがポイントです。

[材料]4人分

むきえび……100g
帆立貝柱……8個
甲いか……100g
生しいたけ……4個
玉ねぎ……1/2個
こしょう……少々
片栗粉……小さじ1
サラダ油……大さじ2
豆板醤……小さじ1強
酒……大さじ1

豆板醤風味の海鮮炒め

[作り方]

1 いかは格子状に切り込みを入れ、ひと口大に切り、むきえび、帆立貝柱とともにさっとゆでて水けをしっかりきる。粗熱がとれたらこしょう、片栗粉をまぶす。

2 しいたけは軸を落とし、薄切りに、玉ねぎは繊維に沿って薄切りにする。

3 炒め鍋に油を熱し、**2**を入れて香りが出るまで炒める。

4 **3**に豆板醤を入れて炒め、香りが出てきたら**1**を加えて炒め合わせ、酒をふり入れて全体にからめる。

豆板醤は、玉ねぎ、しいたけがしんなりして香りが出てきたところで加え、香りを出すようにしてよく炒めるのがポイント。

炒飯《チャーハン》

ベーコンとコーンのシンプルな炒飯。豆板醤とこしょうだけの調味で充分おいしくできます。コツは豆板醤をよく炒め、香りをしっかり出すこと。ご飯を入れたら、ざっとほぐし、鍋肌に広げて焼きつけるようにヘラなどで押さえ、返しては混ぜ、を繰り返します。急がずゆっくり炒めてOK。これが家庭で炒飯を上手に作るコツです。

[材料]2人分
ご飯……2人分
ベーコン(薄切り)……2枚
スイートコーン
(ホール缶詰)……100g
松の実……30g
サラダ油……大さじ1
豆板醤……小さじ1
こしょう……少々

[作り方]
1 ベーコンは3㎜幅に切る。コーンは汁をしっかりきる。
2 松の実はから炒りする。
3 炒め鍋に油を熱し、1のベーコンを入れて炒め、ベーコンから脂が出て香ばしくなってきたらコーンを入れて炒め、豆板醤を加える。香りが出てきたら、ご飯を加え、ほぐしながら炒め合わせ、こしょうをふって香りをつける。仕上げに松の実を加え混ぜる。

豆板醤＋スパイスで炒め物

コクのある豆板醤の辛みに
スパイスの香りをプラスすると、
さらに香り高い炒め物ができます。
まず、スパイスの香りを充分移した油で
さっと炒めてから、
豆板醤で炒めるのが味を出す秘訣です。

エリンギのこしょう風味炒め

こしょうときのこはとてもよく合う素材同士。エリンギは太く火が通りにくいので、こしょう油で香りよく炒めたら、豆板醤を入れる前に、酒をふって少し蒸すようにするのがコツです。

［材料］4人分

エリンギ…… 400g
サラダ油…… 大さじ1½
粗引き黒こしょう …… 小さじ½
酒…… 大さじ2
豆板醤 …… 小さじ½

［作り方］

1 エリンギは、ひと口大の乱切りにする。

2 炒め鍋に油とこしょうを入れて火にかけ、香りが出てきたら1を入れて炒める。全体に油がなじんできたら酒をふり、ふたをして2分ほど蒸し炒めにする。エリンギに火が通ってきたら豆板醤を加え、香りが出るまで炒める。

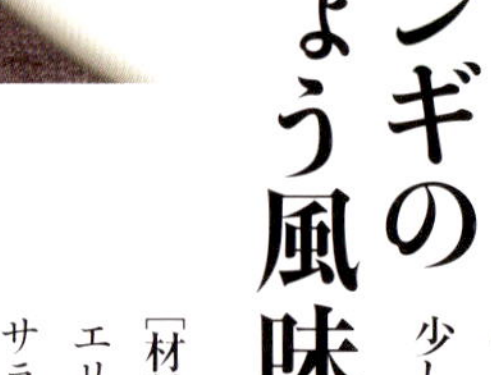

油にこしょうを入れてから火にかけ、こしょうの香りが油に充分移ってから炒め始める。

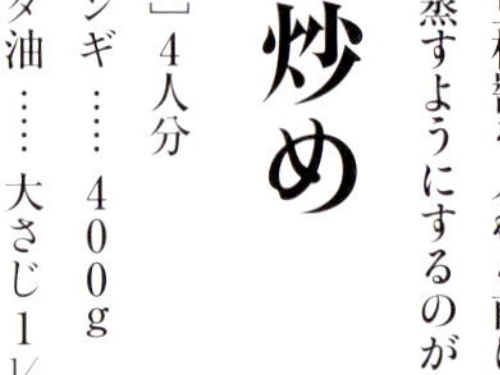

エリンギに火が通ったら、真ん中を少しあけ、豆板醤を落としてからめるように炒めていく。

そら豆の炒め物

そら豆みその豆板醤でそら豆を炒める、いってみれば親子炒めです。花椒の香り豊かな油で味だし用の豚肉を炒めてから、酒蒸し炒めにしたそら豆を加えて豆板醤と炒め合わせるのがコツです。

［材料］4人分

そら豆（正味）…… 200g
豚こま切れ肉 …… 100g
花椒 …… 小さじ1
サラダ油 …… 大さじ2
酒 …… 大さじ2
豆板醤 …… 小さじ1

［作り方］

1 そら豆は皮を除いて二つに割る。

2 炒め鍋に油大さじ1を熱し、**1**を入れて油がなじむまで炒める。酒をふり、ふたをして1分ほど蒸し炒めにし、一度取り出す。

3 **2**の鍋に残りの油と花椒を入れて火にかけ、香りが出てきたら豚肉を入れ、肉の色が変わるまでよく炒める。**2**のそら豆を戻し入れてざっと炒め、豆板醤を加えて香りが出るまで炒め合わせる。

そら豆は軽く炒めてから酒蒸し炒めにする。

まずは花椒の香り出しから。油に入れてから火にかけ、香りを充分に移していく。

花椒油で豚肉をよく炒めてから、そら豆を戻し、豆板醤で香りよく炒め合わせていく。

豆板醤＋香味野菜で炒め物

しょうが、ねぎ、パセリなどのフレッシュな香り野菜と豆板醤を組み合わせた炒め物です。スパイスの場合と同じように、香味野菜の香りを移してから、豆板醤で香りよく炒めるのが基本です。

玉ねぎ炒め

非常にシンプルな炒め物ですが、パセリの香りで包まれた玉ねぎの甘さを、ピリッと豆板醤がしめる絶妙な逸品です。パセリのフレッシュな香りを生かすため、豆板醤で炒めたあとに入れて、さっと炒め合わせます。

［材料］4人分

玉ねぎ……2個
イタリアンパセリ……10本
サラダ油……大さじ1
豆板醤……小さじ1/2

［作り方］

1 玉ねぎは皮を除き、1cm幅の輪切りにする。

2 パセリは軸から葉を摘み取る。

3 炒め鍋に油と豆板醤を入れて火にかけ、香りが出てきたら**1**を加え、しんなりするまで炒める。仕上げに**2**の2/3量を加えてさっと炒め合わせ、器に盛り、残りのパセリをのせる。

コーン炒め

フレッシュなとうもろこしが出回る季節に作ってほしい逸品です。ねぎとしょうがで香りよく炒め、とうもろこしの甘さを豆板醤でピリリとしめます。

[材料]4人分

とうもろこし(生)…… 2本
しょうがみじん切り …… 大さじ1
長ねぎのみじん切り …… 10㎝分
サラダ油 …… 大さじ1
豆板醤 …… 小さじ1

[作り方]

1 とうもろこしは長さを半分に切り、切り口を下にして立て、包丁でこそげ取るように実をはずす。

2 炒め鍋に油を熱し、しょうが、ねぎを入れて炒める。香りが出てきたら1を加えて炒める。ぷっくり香ばしく炒まったら豆板醤を加え、香りが出るまで炒め合わせる。

肉そぼろ

しょうがの香り豊かなひき肉の豆板醤炒めで、隠し味にしょうゆとはちみつを少し入れます。ねぎは最後に入れてさっと炒め合わせる具のひとつですが、さらに豊かな香り炒めになります。

[材料]4人分

合いびき肉 …… 250g
長ねぎの小口切り …… ½本分
しょうがのみじん切り …… 1かけ分
サラダ油 …… 大さじ1
酒 …… 大さじ1
豆板醤 …… 小さじ1
しょうゆ、はちみつ …… 各大さじ½

[作り方]

1 炒め鍋に油を熱し、ひき肉を入れ、ほぐしながら炒める。肉の色が変わってきたら酒、しょうがを加えて炒め合わせる。香りが出てきたら豆板醤を加え、全体にからめるように炒め合わせる。

2 豆板醤の香りが出てきたら、しょうゆ、はちみつを入れて味を調え、最後にねぎを加えてさっと香りよく炒め合わせる。

しょうがの香りが出てきたら豆板醤を加え、菜ばしで広げながら肉にからめるように炒め合わせていく。

豆板醤＋香味野菜で
炒め物

豚肉の香味野菜炒め

豆板醤で下味をつけておいた豚肉を、ねぎやみょうがといった香り野菜と炒め合わせます。肉によく味がつき、野菜はシャキッと歯ざわりよく、フレッシュな香りを残したまま仕上がるとてもよい方法です。

［材料］4人分

豚こま切れ肉……300g
酒……大さじ1
こしょう……少々
豆板醤……小さじ1
片栗粉……小さじ1
万能ねぎ……1/2束
イタリアンパセリ……7〜8本
みょうが……2個
サラダ油……大さじ1

［作り方］

1 豚肉はさっとゆでて水けをきり、酒、こしょう、豆板醤、片栗粉をまぶして下味をつける。

2 万能ねぎ、パセリはそれぞれ5cm長さに切り、みょうがは薄切りにする。

3 炒め鍋に油を熱し、**1**を入れて炒める。豆板醤の香りが出て肉に火が通ってきたら**2**を加え、さっと炒め合わせる。

豚肉はさっとゆでて余分な脂を抜いてから、豆板醤ほか下味の調味料を混ぜる。

豚肉は豆板醤の香りが出てくるまでよく炒めるのがコツ。

香味野菜を加えたら混ぜ合わせる程度にざっと炒めて火からおろす。

鶏レバーのにんにく炒め

レバーが苦手の人をうならせる逸品。レバーは塩水につけたあと、紹興酒で下煮するのが1番目のポイント。にんにくを香ばしく炒めてから豆板醤を加え、香りと辛みを充分に立たせてから炒めるのが2番目のポイントです。

［材料］4人分

鶏レバー……300g
塩……適量
紹興酒……1カップ
にんにく……5かけ
サラダ油……大さじ2
豆板醤……小さじ1

［作り方］

1 鶏レバーは3％の塩水（水1ℓに対して塩30gの割合）につけて1時間おき、水けをきる。

2 鍋に**1**と紹興酒、塩小さじ1/3を入れて火にかけ、煮立ったら弱火にし、ふたをして20分煮る。火を止めたらそのままおき、粗熱がとれたら水けきる。

3 にんにくは薄切りにする。炒め鍋に油とにんにくを入れて火にかけ、カリカリになってきたら豆板醤を加えて炒め合わせる。豆板醤の香りが出てきたら**2**を加え、炒め合わせる。

にんにくは揚げるように炒め、充分香り出しができてから豆板醤を炒め合わせること。

料理に使う紹興酒について

中国料理で使う酒は紹興酒と思い込んでいる人が、意外に多いようですが、これは間違い！ 紹興酒は飲むための酒であって、本来料理酒ではありません。もち米を原料に麹や酒薬などで発酵させて作る醸造酒で独特の香りとまろみが特徴。この風味が欠かせない料理のみに使うので、紹興酒とレシピにあるときは、いい紹興酒、飲んでおいしいものを使ってください。中国でも料理によく使う酒はありますが、これは日本酒で代用できるのでレシピで酒とあれば日本酒でOKです。

[材料] 4人分
むきえび…… 300g
　こしょう…… 少々
　片栗粉…… 小さじ1
トマト…… 2個
にんにくのみじん切り…… 1かけ分
しょうがのみじん切り…… 1かけ分
長ねぎのみじん切り…… 10cm分
サラダ油…… 大さじ2
豆板醤…… 小さじ1
オイスターソース…… 大さじ1/2
酒…… 大さじ1

フレッシュトマトのえびチリ

香味野菜を香りよく炒めてから、豆板醤を入れてさらによく炒める。これがトマトえびチリの味のベースになります。これで生のトマトを炒めれば、立派なえびチリソースのでき上がり。ケチャップえびチリとは別物のおいしさが楽しめます。

[作り方]

1 えびはさっとゆでて水けをきり、こしょう、片栗粉をまぶす。

2 トマトは湯むきし、1cm角くらいに切る。

3 炒め鍋に油ににんにく、しょうが、ねぎを入れて火にかけ、香りが出るまで炒め、豆板醤を加えてさらに炒める。豆板醤の香りが出てきたら**2**を加え、半量になるまで煮つめる。

4 **3**にオイスターソースと酒を入れて香りをつけ、**1**を加えてからめる。

にんにく、しょうが、ねぎの三大香味野菜をよくよく炒め、充分香り出しができてから豆板醤を炒め合わせる。

豆板醤もよく炒めることで香りと辛みが立ってくる。このときがトマトの入れどき。

半量まで煮つまってから、えびを入れる。からめる程度に、がえびにプリッとした歯ざわりと甘みを残すコツ。

豆板醤で作るとっておきの具だくさんラー油

ラー油といっても油で唐辛子を香り出ししたおなじみの液体状のものではなく、辛みをきかせたXO醤！という仕上がりです。おかゆやご飯にのせたり、おにぎりの中に入れてもいいし、ゆでたてのうどんやパスタにからめても美味。もちろん炒め物の秀逸な調味料にもなります。多めに作って保存しておくと何かと重宝します。

[材料] 作りやすい分量
- 豆板醤……大さじ3
- ごま油……大さじ5
- 長ねぎのみじん切り……1/2本分
- 干しえび……50g
- くるみ……30g

[下準備]
干しえび、くるみはそれぞれ粗みじん切りにする。

1 炒め鍋にごま油、ねぎ、干しえびを入れて火にかけ、香りが出るまでよく炒める。

2 **1**にくるみを加えて炒め合わせる。

3 **2**に豆板醤を加え、全体に混ぜながら香りが出るまで炒める。

ラーメンの薬味に！

[材料] 2人分
- 中華麺……2人分
- ゆで卵……2個
- 万能ねぎ……1/2束
- 具だくさんラー油……適量
- サラダ油……大さじ1
- 豆板醤……大さじ1
- しょうゆ……大さじ1
- 練りごま……大さじ2

麺類の薬味になります。汁にも豆板醤を使った特製ラーメンにのせて味わってみてください。

[作り方]

1 鍋に油と豆板醤を入れてよく混ぜ、火にかけ、香りが出るまで炒める。

2 **1**にしょうゆを加えて煮立て、水3カップを注ぎ、練りごまを入れて溶きのばす。再び煮立ったら火を弱め、1〜2分煮る。

3 麺をゆでて湯をきり、器に入れ、**2**をかける。半分に切ったゆで卵、小口切りにした万能ねぎをのせ、具だくさんラー油を薬味に。

豆板醤＋ごま油でタレ

豆板醤は発酵調味料なので
基本的に加熱しなくても料理に使えます。
ごま油を少し加えてのばすと
和えたりかけたりしやすく、香りもよくなります。

豆板醤＆ごま油ダレ

豆板醤小さじ1にごま油大さじ1の割合で混ぜ合わせるだけ。

豆サラダ

ゆでたひよこ豆にみじん切りにしたパセリ、豆板醤＆ごま油ダレを加えて混ぜ合わせる。大豆、黒豆、いんげん豆などゆでた豆類に応用でき、甘くない豆料理のレパートリーが広がる。

蒸しかぼちゃに

種と皮を除いてひと口大に切り、8分ほど蒸したかぼちゃに豆板醤＆ごま油ダレをかける。甘みのある芋類などにも合う。

辛さは強いが味のよい豆板醤

半割りにしたそら豆が姿を残したままごろごろ入っている豆板醤は、そのままタレやソースとして和えたりかけたりするだけでもおいしく、少し辛みは強いもののおかゆのともにもなります。もちろん炒め物に使えばワンランク上の味に仕上がります。近くのスーパーではなかなか入手できないかもしれませんが、インターネットの通販などで探せます。この形状を目安に選び、ぜひ試作試食してみてください！（レシピの豆板醤の分量は一般的に入手しやすいものを基準にしています。そら豆の姿を残したタイプの豆板醤を使う場合は辛さが強いので、少し量を控えて使用してください）。

たたききゅうりに

たたきつぶして食べやすく切ったきゅうりに豆板醤＆ごま油ダレをかける。大根やかぶの薄切り、にんじんスティックなど、ほかのフレッシュ野菜にも応用できる。

ゆでたカリフラワーに

小房に分けたカリフラワーをゆで、熱いうちに豆板醤＆ごま油ダレをかけて和える。ブロッコリー、キャベツ、さやいんげん、ゆで野菜なら大方なんでも合う。

豆板醤＋花椒＋ごま油でタレ

花椒の香りを移したごま油を豆板醤に加えると、香りのみならずコクが増し、野菜はもちろん蒸し魚、焼き魚、ゆでた肉や麺類の和えごろもなど豆板醤ダレの利用法がぐんと広がります。

豆板醤&花椒油ダレ

炒め鍋にごま油大さじ3と花椒大さじ1を入れて火にかけ、しっかり香りが出るまで炒め、熱いうちに豆板醤大さじ2に加えて混ぜ合わせる。

このタレがあれば香菜だけでとびきりおいしいくらげの前菜ができます。

くらげの和え物

[材料] 4人分

くらげ（塩蔵）…… 100g

香菜 …… 2本

豆板醤&花椒油ダレ …… 小さじ1

[作り方]

1 くらげはたっぷりの水にひと晩つけてしっかり塩抜きする。

2 香菜は3cm長さに切る。

3 **1**の水けを絞り、食べやすく切って豆板醤&花椒油ダレで和え、**2**を加えて混ぜる。

蒸し魚丼

ご飯に蒸したすずきや鯛など白身魚をのせてこのタレをかけると、あっという間に中国風の魚丼ができ上がります。

［材料］2人分

白身魚（切り身）…… 2切れ

ご飯 …… 2人分

豆板醤&花椒油ダレ …… 適量

［作り方］

1 蒸気の上がった蒸し器に白身魚を並べて蒸す。

2 器にご飯を盛り、**1**をのせ、豆板醤&花椒油ダレをかける。魚をくずしながらタレ、ご飯に混ぜて食べてもおいしい。

中国風なます

オレンジを酢代わりにして、せん切り大根に豆板醤&花椒油ダレをかけて和えるだけですが、とてもよいおかずやつまみになります。

［材料］4人分

大根 …… 300g

オレンジ …… ½個

豆板醤&花椒油ダレ …… 小さじ½

［作り方］

1 大根はせん切りにする。

2 オレンジは皮と薄皮を除いてむき身にする。

3 **1**と**2**を合わせ、豆板醤&花椒油ダレで和える。

中国風茶碗蒸し

鶏ガラスープと卵で作る茶碗蒸しにかけるだけ。4～5人分なら大きく蒸して、めいめい取り分けて好きな量をかけてもいいです。

［材料］2人分
- 卵……2個
- 鶏ガラスープ
  - 鶏ガラスープの素……小さじ1/3
  - 水……150mℓ
- 豆板醤&花椒油ダレ……適量

［作り方］
1. 鶏ガラスープの素に分量の水を加えて溶く。
2. ボウルに卵を割りほぐし、1を加えて混ぜ、器に流す。
3. 蒸気の上がった蒸し器に2を入れ、15分ほど蒸す。熱々に豆板醤&花椒油ダレをかけていただく。

ピータン豆腐

おなじみの中国料理の前菜ですが、ピリッと辛みをきかせたこのタレのひとかけで、ぐんと味わいが増します。

［材料］2人分
- ざる豆腐……1丁
- ピータン……2個
- しょうがのすりおろし……大さじ1
- 豆板醤&花椒油ダレ……小さじ1/2

［作り方］
1. 豆腐は器に移して食べやすいようにざっくり割る。
2. ピータンは泥を洗い落とし、殻をむき、小さめのひと口大に切る。
3. 1に2をのせ、豆板醤&花椒油ダレをかけてしょうがのすりおろしをのせる。

油淋魚《ユーリンユイ》

多めの油で揚げるように焼きつけた一尾魚に豆板醤&花椒油ダレをかければ、もてなし料理の主菜を張れます。

[材料] 4人分

白身魚(鯛、かさご、
いしもちなど) …… 1尾
長ねぎ …… 1/2本
豆板醤&花椒油ダレ …… 適量
サラダ油 …… 大さじ3〜4

[作り方]

1 魚は内臓を取り除き、皮目に切れ目を数本入れる。

2 フライパンに油を熱し、**1**を入れて両面揚げ焼きにする。

3 長ねぎはせん切りにして水に放し、パリッとしたら水けをきる。

4 器に**2**を盛り、豆板醤&花椒油ダレをかけ、**3**をのせる。

豆板醤＋はちみつ＋黒酢＋ごま油で甘辛酸っぱいソース

豆板醤のコクのある辛みに、甘みと奥行きのある酸味を出した絶妙なソースです。麺や野菜、肉を和えたり、揚げ物にからめるあんにするなどいろいろに使えます。

甘辛酸っぱい豆板醤ソース

豆板醤大さじ2に対し、はちみつ大さじ3、黒酢150㎖、ごま油大さじ2の割合で混ぜ合わせるだけ。

酢鶏

この甘辛酸っぱい豆板醤ダレを煮立て、鶏のから揚げにからめるとまたたく間に極上の酢鶏のでき上がり。黒酢豚に負けない味わいです。

ふつふつと煮立った甘辛酸っぱい豆板醤ソースの中に、よく油をきった鶏のから揚げを入れて煮からめる。

[材料] 4人分

鶏もも肉（から揚げ用）…… 300g
　こしょう …… 少々
　酒 …… 大さじ1
　しょうゆ …… 大さじ½
片栗粉 …… 大さじ1
揚げ油 …… 適量
甘辛酸っぱい豆板醤ソース …… 大さじ4
みょうがの薄切り …… 1個分

[作り方]

1 鶏肉にこしょう、酒、しょうゆをふりかけ、よくもみ込んで20分おく。

2 揚げる直前に**1**に片栗粉をむらなくまぶし、180℃の油でカラリと揚げて油をきる。

3 炒め鍋で甘辛酸っぱい豆板醤ソースを煮立て、**2**を加えてからめる。器に盛り、みょうがをのせる。

さわやか冷やし中華

トマトとこのソースを和えただけのシンプルな冷やし中華。一度作るとやみつきになる味です。

〔材料〕2人分
中華麺……2人分
トマト……2個
甘辛酸っぱい豆板醤ソース……大さじ2

〔作り方〕
1 トマトは湯むきし、1cm角に切る。
2 中華麺を表示通りゆでて冷水にとり、水けをよくきる。
3 2に甘辛酸っぱい豆板醤ソースを加えて和え、1を混ぜる。

牛しゃぶサラダ

牛肉にとても合うソースです。冷しゃぶにして和え、たっぷりの緑野菜と混ぜれば栄養バランスのよいごちそうサラダになります。

〔材料〕2人分
牛肉（しゃぶしゃぶ用）……200g
クレソン……1束
甘辛酸っぱい豆板醤ソース……大さじ2

〔作り方〕
1 牛肉は食べやすく切る。
2 クレソンは3cm長さに切る。
3 1をゆでて水けをよくきり、甘辛酸っぱい豆板醤ソースで和え、2を混ぜ合わせる。

腐乳

フールウ

日本では「ふにゅう」の呼び名でおなじみ。豆腐の表面に特別なかびを吹きつけ、塩漬けにしたものを、さらに麹や香辛料を入れた塩水に漬けて培養発酵させます。独特の香りと豊かな風味、塩辛い味が特徴。かびを使って作るところなど、まるでチーズの作り方のようなので、豆腐のチーズとも呼ばれています。発酵させる漬け汁に使う麹の種類や酒、みそなどの調味料、八角、山椒、唐辛子などの香辛料の違いにより、味、香り、色もさまざまですが、主として赤、白、青の3種類があり、レシピでは手に入りやすく使い勝手のよい赤い腐乳（紅《ホン》腐《フー》乳《ルウ》）と白い腐乳（白《バイ》腐《フー》乳《ルウ》）を使いました。白より赤のほうが香りが強く、どちらを使うかは、好みで選んでください。ちなみに青い腐乳は豆腐を自然発酵させてから塩漬けにしたもので、強烈な刺激臭が特徴。また赤い腐乳の中には、唐辛子を加えて作る辣《ラー》腐《フー》乳《ルウ》と呼ばれる辛みの強いものもあります。

そのままで

そのままでまずおいしい。酒肴によし、植物性たんぱく質なので、おかゆやご飯にのせれば小さいおかずになります。豆腐で作ったチーズのようなものと考えるとペーストとして塗ってもＯＫ。塩けが強いので、花巻など塩味のないものに塗るのがおすすめです。

炒め物に

大豆が原料の豆腐の発酵調味料ですから、いってみればみその一種。野菜だけの炒め物など、シンプルな味に深みを与えます。また香りの強い野菜との相性もよく、互いの強さをぶつけ合い、引き出し合っておいしさに変えます。

＋αで各種のタレに

ごま油などで香りよくのばしたり、香味野菜や練りごまを混ぜてまろみや香りをプラスすることで、腐乳はさらに秀逸なタレになります。かけたり、和えたりだけでなく、くせのある肉や魚を漬け込む合わせ調味料としても利用できます。

煮物のコク出しに

発酵から生まれる風味が煮汁のだしとなり、コクのあるみそ味風の煮物に仕上がります。特にえび、かになどの甲殻類や豚肉など、ほのかな甘みをもつ素材とよく合うのは、腐乳特有の塩味が隠し味になるからだと思います。

そのまま小さなおかずとして

腐乳は発酵させた豆腐の塩辛のようなもの。
そのままで酒菜になりますし、
ご飯やおかゆの小さなおかずにもなります。
また花巻などに塗り、香りのよい
ごま油をたらして食べると絶品です。

おかゆのともに

腐乳の原料は大豆。植物性たんぱく質の王者ですから、薬味、トッピングというより小さなおかずといったほうがふさわしいと思います。味をつけずに炊く白がゆには、塩味の強い腐乳は最高のとも。おいしい食べ方は、腐乳をのせて、ほんのひと口分のおかゆと混ぜ、それをれんげですくって食べます。全体に混ぜてしまうと、腐乳の塩分で米粒がしまり、とろっとしたおかゆの醍醐味が失われてしまいます。

北京風の白がゆの炊き方

1　米1カップを洗って水けをきり、土鍋か厚手の鍋に入れ、たっぷりの水を注いで30分ほどおき、吸水させる。

2　1の水を捨て、新たに水6カップを注いで強火にかける。鍋底につかないよう軽く底から混ぜ、沸騰したら弱火にしてふたをし、40～50分、ことこと炊く。

そのまま炒め物に

複雑なコクをもつみそといった味わいの腐乳は、そのままで炒め物の優秀な調味料になります。腐乳を漬けてある汁もすばらしい調味料。いっしょに使うのがコツです。

キャベツだけの炒め物がこんなに奥深い味わいに仕上がるのは、まさに腐乳の力です。強めの塩けとこっくりやさしい味わいが、キャベツの甘みをうま味で引き出し、あとを引くおいしさに。新キャベツなら1個使っても足りないくらいの人気メニューになります。

キャベツ炒め

[材料] 4人分

キャベツ…… 400g
サラダ油…… 大さじ1
腐乳とその汁（小さじ1）
合わせて…… 15g

[作り方]

1 キャベツは5㎜幅くらいの粗めのせん切りにする。

2 炒め鍋に油を熱し、1を入れて炒める。全体に油が回り、かさが減ってしんなりしてきたら腐乳と汁を加え、全体に炒め合わせる。

キャベツをしんなり炒めてから腐乳を汁ごと加えて全体に混ぜながら炒める。

そのまま炒め物に

ブロッコリーの炒め物

スティックセニョールの名で出回る茎の部分の長いブロッコリーを腐乳炒めに。ふつうのブロッコリーやカリフラワー、菜の花なども、この腐乳との相性がよく、おいしい炒め物になります。

［材料］4人分

ブロッコリー（スティックセニョールなど）……３００g
サラダ油……大さじ1
腐乳とその汁（小さじ1）合わせて……15g

［作り方］

1　ブロッコリーは食べやすく切り、茎のかたい部分は皮をむき、さっとゆでて水けをきる。

2　炒め鍋に油と腐乳を入れて熱し、香りが出たら1を加え、からめるようにして炒め合わせる。

腐乳を香りよく炒めてからブロッコリーを入れると全体に味がからまりやすい。

鮭とズッキーニの炒め物

同じ腐乳の炒め物でもこれはちょっと変わった腐乳使い。こしょうと腐乳をまぶした鮭を先に焼きつけ、ズッキーニを加えて炒め合わせます。魚の生ぐささを腐乳の力でおいしい味に変え、炒め合わせることでズッキーニにもからみ、炒め物の調味料にもなります。

［材料］4人分

生鮭（切り身）……2切れ
ズッキーニ……2本
こしょう……少々
腐乳……20g
サラダ油……大さじ1

［作り方］

1　鮭は皮と骨を除き、ひと口大に切って、こしょう、腐乳をまぶして20分ほどおく。

2　ズッキーニは薄切りにする。

3　炒め鍋に油と1を入れて火にかけ、焼きつけるようにして火を通す。

4　3に2を加え、ズッキーニが少ししんなりするくらいまで炒め合わせる。

鮭は炒める前に、腐乳とこしょうをまぶしつけて下味をつけておくのがポイント。皮や骨は除くと味もなじみやすく食べやすい。

ゆばと青梗菜の炒め物

乾燥ゆばと青菜の炒め物は中国家庭料理の定番です。ゆばも腐乳もともに大豆を原料にした大豆一族。植物性だけの材料の炒め物ですが、ボリューム満点のおかずになります。

［材料］4人分

中国ゆば（腐竹）……50g
青梗菜……2株
サラダ油……大さじ1
腐乳とその汁（小さじ1）
　合わせて……20g
こしょう……少々

［作り方］

1　中国ゆばは2時間ほど水につけてもどし、さっとゆでて水けをきる。ひと口大に切って水けを絞る。

2　青梗菜は縦半分に切ってさっとゆで、水けをきる。

3　炒め鍋に油を熱し、**1**を加えて炒める。全体に油がまわってきたら腐乳と汁を加え、全体に炒め合わせる。

4　**3**に**2**を加え、こしょうをふって炒め合わせる。

最初にゆばを炒め、腐乳をからめるようにして味をつけるのがコツ。

腐乳＋香り野菜で炒め物

香りの強い野菜は腐乳の強い個性とぶつかり合うことで、お互いの強さを引き立て合い、おいしい炒め物になります。にらだけでなく、にんにくの茎、クレソンなどを炒め物に使う場合も同様です。

鶏肉と黄にらの炒め物

淡白な鶏むね肉を腐乳と黄にらで香りよく炒めます。白肉なので白腐乳を使いました。鶏肉は炒めているうちにちぎれないよう繊維に沿って細く切るのがコツ。黄にらは最後に入れてさっと炒め、余熱で火を通すくらいのほうが香りが立ちます。

［材料］4人分

鶏むね肉（皮なし）……2枚（約400g）
こしょう……少々
酒……大さじ1
サラダ油……小さじ1
片栗粉……小さじ1
黄にら……100g
サラダ油……大さじ2
腐乳とその汁（小さじ1）合わせて……20g

［作り方］

1 鶏肉は繊維に沿って細切りにし、こしょう、酒、サラダ油、片栗粉を順にふり入れてまぶし、下味をつける。

2 黄にらは5cm長さに切る。

3 炒め鍋に油を熱し、1をほぐしながら入れて炒める。完全に火が通ったら腐乳を入れて調味し、2を加えてさっと炒め合わせる。

鶏肉に充分火が通るまで炒めてから腐乳を汁ごと加えてからめるように炒める。

黄にらは最後に加えてざっと混ぜる程度に炒めるくらいでちょうどよい。

えびとにらの花の炒め物

にらの花はビタミン豊富でとてもよい野菜なのに、苦手な人が意外に多いのは残念なこと。ぜひこれを作ってみてください。腐乳で殻つきのえびを香ばしく炒めてから別に下炒めしておいたにらの花を入れて香りを移すようにして炒め合わせるのがおいしくする秘訣。

［材料］4人分

大正えび……12尾

─こしょう……少々

─片栗粉……小さじ1

にらの花……1束（100g）

サラダ油……大さじ2

腐乳とその汁大さじ1

合わせて……20g

［作り方］

1 えびの脚、尾は切り落とし、殻ごと背開きにして背わたを除き、こしょう、片栗粉をまぶす。

2 にらの花は5cm長さに切る。

3 炒め鍋に大さじ½の油を熱し、2を入れて香りが出るまで炒めたら一度とり出す。

4 3の鍋に残りの油を足し、1を入れて炒める。えびの色が変わってきたら腐乳とその汁を加えて炒め合わせる。火を少し弱め、ふたをして2分ほど蒸し炒めにする。

5 4に3のにらを戻し入れ、ざっと炒め合わせる。

えびは焼きつけるように炒め、香ばしさが立ってきたら腐乳を入れてまぶすように炒める。

にらの花はさっと炒めたい。油通しする代わりに、下炒めしてから加える。

腐乳＋αでタレ

まろみと独特の風味が醍醐味の腐乳は、練りごまや油、香味野菜などといっしょに使うことで、かけたり和えたり、また鍋物や蒸し物などにもとてもよいタレになるし、くせのある肉や魚を漬け込むタレとしてもいい味を出します。

蒸し豆腐にかけて

腐乳に香味野菜と練りごまを混ぜると、複雑な味わいがかもし出され、とてもよいタレになります。これを熱々に蒸した豆腐にかけるだけ。容器ごと蒸せるのでざる豆腐が便利ですが、もちろんふつうの豆腐でもOKです。夏なら冷ややっこにのせてもおいしい。

［材料］2人分
ざる豆腐……1丁
腐乳……20g
長ねぎ……10cm
しょうが……1かけ
練りごま……大さじ1

［作り方］
1 ざる豆腐は蒸気の上がった蒸し器に入れ、7〜8分蒸す。
2 ねぎ、しょうがはそれぞれみじん切りにしてボウルに入れ、腐乳、練りごまを加えて混ぜ合わせ、1にのせて食べる。

腐乳とねぎ、しょうが、練りごまは絶妙な組み合わせ。混ぜるだけでOK。

蒸しじゃが芋にかけて

オリーブ油と腐乳、このとり合わせも目からウロコです。チーズに合うように腐乳にも合います。粉末にした陳皮（120ページ参照）をふりかけると、さわやかな風が通り抜けるような仕上がりに。

[材料] 4人分

じゃが芋……2～3個
腐乳とその汁（大さじ1）
　合わせて……20g
オリーブ油……大さじ1
陳皮の粉末……小さじ1

[作り方]

1 じゃが芋は蒸気の上がった蒸し器に並べ、竹串を刺してすっと通るまで15分ほど蒸し、熱いうちに皮をむき、フォークなどで軽くつぶす。

2 ボウルに腐乳とその汁を合わせ、オリーブ油を加えてよく混ぜ合わせる。

3 器に**1**を盛り、**2**をかけて陳皮を散らす。

腐乳とオリーブ油の相性もなかなか。少しずつ加えてよく混ぜ合わせる。

白菜の軸の和え物

塩もみの代わりに塩分の強い腐乳の漬け汁を白菜の軸にふりかけ、少ししんなりしたところで腐乳を混ぜるという二段使い。これに花椒を炒めて香りを移した熱々の油をじゃっとかけて混ぜます。おいしいですよ！　辣白菜《ラーパーツァイ》は甘くて苦手という向きにはぜひおすすめの逸品になります。

[材料] 4人分

白菜の軸……400g
腐乳の漬け汁……大さじ2
腐乳……20g
花椒……小さじ$\frac{1}{2}$
サラダ油……大さじ1$\frac{1}{2}$

[作り方]

1 白菜の軸は7～8cm長さに切り、繊維に沿って細切りにしてボウルに入れ、腐乳の漬け汁を加えて混ぜ、20分ほどおく。

2 **1**の水けを絞り、ボウルに戻して腐乳を加え、和える。

3 炒め鍋に油と花椒を入れて火にかけ、香りが充分出たら、**2**にかけてよく混ぜ合わせる。

腐乳で和えた白菜の軸に熱々の花椒油を注ぎ、香りを全体にからめるようにするのがコツ。

羊肉のしゃぶしゃぶ鍋

火鍋子《フォクォツ》と呼ばれる煙突つきの鍋にスープを入れて炭火にかけ、羊肉の薄切りをしゃぶしゃぶしてたくさんの薬味といっしょに食べる刷羊肉《シュワンヤンロウ》は、北京など中国北部地方の名物鍋。この鍋物に欠かせないのが、腐乳をベースにしたタレです。家庭で手軽にこのおいしさを味わうことのできる黄金ダレをご紹介します。

タレはたっぷりかけたい。これくらいでいいだろうと思うといつも足りなくなるので、多めに用意すること。香り野菜やラー油も薬味に添えて。

［材料］4人分

羊肉（しゃぶしゃぶ用）…… 400〜500g
豆苗 …… 200g

タレ
- 腐乳 …… 100g
- 腐乳の漬け汁 …… 大さじ4
- 練りごま …… 大さじ4
- 黒酢 …… 大さじ4
- しょうゆ …… 大さじ2
- 花椒（粉状）…… 小さじ1

スープ
- 水 …… 1ℓ
- くこの実 …… 大さじ1
- 紹興酒 …… 1/2カップ

薬味
- 長ねぎの小口切り …… 1本分
- 香菜の粗みじん切り …… 1束分
- ラー油* …… 適量

*ごま油と粗びき唐辛子粉を2対1の割合で合わせ、香りを移しながらじっくり炒めたもの。

［作り方］

1 羊肉、豆苗はそれぞれ食べやすい長さに切って器に盛る。

2 ボウルにタレの材料を入れてよく混ぜ合わせる。

3 鍋にスープの材料を入れて火にかける。煮立ったら**1**の肉を入れてしゃぶしゃぶし、豆苗もさっとゆで、器にとってタレと好みの薬味で食べる。

紹興酒を隠し味に加えたスープで肉をしゃぶしゃぶ。熱々をとり分け、薬味とともにタレをかけてからめるようにして味わう！

腐乳に練りごま、隠し味に黒酢を使うのが羊肉しゃぶしゃぶダレの味の秘訣。これにしょうゆと花椒も香りづけに混ぜると、さらに味わいが深くなる。

鶏手羽肉の茶葉蒸し

羊肉のしゃぶしゃぶ鍋のタレ（58ページ参照）は蒸した肉や魚にかけて食べてもおいしいタレです。茶葉の香りを移しながらふっくら蒸し上げた鶏肉にたっぷりかけて味わってみてください。茶葉蒸しは素材のくさみを除き、香りよく蒸し上げる料理法のひとつで、青背の魚などにも応用できます。

［材料］4人分

鶏手羽肉……400g
ウーロン茶葉……大さじ3
タレ
腐乳……50g
腐乳の漬け汁……大さじ2
練りごま……大さじ2
黒酢……大さじ2
しょうゆ……大さじ1
花椒（粉状）……小さじ$\frac{1}{2}$

［作り方］

1　ウーロン茶葉はボウルに入れて湯をひたひたに入れ、葉が開くまでおく。

2　セイロにクッキングペーパーを敷き、1を広げ、鶏肉を並べ入れ、鶏肉に火が通るまで20分ほど蒸す。

3　タレの材料を混ぜ合わせ、蒸し上がった鶏肉にかけていただく。

茶葉は湯に浸して充分に開かせてからセイロに広げ、上に鶏肉が重ならないよう並べる。

魚の漬け焼き

腐乳は上質なみそでもあります。日本にも魚のみそ漬けがあるように、腐乳で魚を漬け込んでから焼くと中国風の焼き魚になります。特にくせのある青背の魚にはうってつけ。ここでは手軽な切り身を使いました。いわしやあじ、さんまなどの一尾魚を使う場合は、内臓を除いた中側にも腐乳を塗り、味をなじませるのがコツです。

［材料］4人分
青背の魚（ぶり、さばなど）…… 4切れ
腐乳 …… 60g
粗びきこしょう …… 小さじ½
しょうが …… 50g
長ねぎ …… 1本
サラダ油 …… 大さじ2

［作り方］

1 魚にこしょうをふり、腐乳を全体に塗りつけてひと晩おく。

2 しょうがはつぶし、ねぎは斜め切りにする。

3 炒め鍋に油を熱し、**1**を並べて焼く。焼き色がついたら返し、**2**を入れてふたをし、火を少し弱めて両面を焼き上げる。

魚全体に腐乳を塗りつけ、充分味をなじませるのがポイントなので、ひと晩は漬け込みたい。

片面を焼いて返したところでしょうが、ねぎを入れ、ふたをして蒸し焼きにし、香りを移しながら焼き上げる。

煮物のコク出しに

鍋物に合う腐乳は、煮物に合わないはずがなく、まろやかで深い味わいの調味料となります。特に甲殻類との相性は抜群。だしが出た煮汁はご飯にかけて食べたいくらいおいしいです。

えび春雨の腐乳煮

腐乳と有頭えびのみそから出るだしが合体し、濃厚なスープに仕上がります。そのスープを吸った春雨がなによりおいしく、実はこれを食べたくて作る料理でもあります。白く仕上げたいので、できれば白腐乳を使うことをおすすめします。

［材料］4人分

有頭えび……6尾
- こしょう……少々
- 片栗粉……小さじ1

春雨……50g
長ねぎ……½本
干しえび……10g
スープ
- 水……1½カップ
- 鶏ガラスープの素……小さじ½

酒……大さじ2
腐乳……30g
サラダ油……大さじ2

［作り方］

1 春雨は水につけて軽くもどし、水けをきって食べやすい長さに切る。長ねぎは食べやすい長さに切ってから縦半分に切る。

2 干しえびはざく切りにする。

3 有頭えびは、ひげ、脚を切り落とし、背中に包丁を入れて半分に割る。背わたを除き、こしょうと片栗粉をまぶす。

4 炒め鍋に油を熱し、**3**を身側を下にして入れ、焼きつける。酒をふり入れてふたをし、1分ほど蒸し焼きにする。途中返して両面香ばしく焼き、とり出す。

5 **4**の鍋にスープ、**2**、腐乳を入れて火にかける。煮立ったら2分ほど煮、**4**のえびを戻し入れ、**1**のねぎと春雨も加えてさらに2分ほど煮込む。

半割りにしたえびは身側から焼きつけ、殻の色が変わってきたら酒をふり入れて蒸し焼きにする。

えびの焼き汁が残る鍋にスープと干しえび、そして腐乳を入れて煮立て、煮汁を先に作る。

煮汁にえびとねぎ、春雨を入れ、春雨に煮汁を含ませるようにして煮込む。

豆豉

トウチ

蒸した黒豆（黒大豆）に麴、酵母などを加えて自然発酵させ、塩漬けにして熟成発酵させたもの。塩味とうま味、独特の芳香をあわせもち、野菜にも肉、魚介にも合う万能の調味料で、シンプルな料理の味もビシッと決めてくれます。もともと中国の寺でたんぱく質を補う保存食として作られてきたもので、京都の大徳寺納豆や浜名湖畔の寺から広がり特産となった浜納豆も、中国の豆豉が伝わって根づいたものといわれています。広東《カントン》料理、四川《しせん》料理、湖南《こなん》料理などの代表的な調味料のひとつでもあり、魚介の炒め物や蒸し物、麻婆豆腐などに欠かせませんが、今や中国全土で使われています。形のまま、あるいは刻んで、またほかの調味料や材料と混ぜ合わせるなど、多岐にわたる使い方ができます。

炒めてふりかけやタレに

いってみれば形を残した黒豆のみそ。塩味が強いもののコクのある味わい。油と相性がよく、炒めることでさらに風味が増し、おいしいふりかけになります。また、炒めて香りを移した油は和えたり、かけたりのタレとして利用範囲大です。

炒め物に

みそとしょうゆを合わせたような豆豉のコクとうま味は、炒め物の調味料としても優秀です。豆豉を炒めて風味を移した油で炒めるのが基本。塩味も豆豉だけで充分です。さらにスパイスや香味野菜をプラスすると、炒め物のバリエーションが広がります。

煮物に

発酵調味料特有のうま味がだしとなり、また豆豉ならではの塩味が煮物の調味の核となります。野菜、豆腐、魚介、肉、万能の煮物調味料といえます。

蒸し物に

豆豉は蒸し物、特に肉や魚を蒸すときに活用できる調味料。粒のままふりかけるか、刻んでもみ込むなど、下味として使いますが、塩けがしっかりあるので、そのままでおいしく味わうことができます。

炒めてふりかけやタレに

独特な芳香、みそを彷彿とさせる芳醇な味と塩けが豆豉のもち味。香り、味ともに炒めることでその特徴がさらに引き出されます。油で炒めたものをそのまま、あるいは炒めて香りを移した熱々の油をタレに多用できます。

ふりかけ

炒めると風味が増すだけでなく、塩けがまろやかに感じられるようになります。多めに炒め、ふたつきの器に入れ、保存しておくといろいろに使えて重宝。炒める油の割合は、豆豉80gに対してサラダ油大さじ2、ごま油大さじ1の割合。炒め鍋に油と豆豉を入れて火にかけ、豆豉がカリカリになるまでゆっくりと炒めるだけ。

ご飯のともに

ご飯のふりかけに、またおかゆの薬味にもおいしい。さらには散らして混ぜるだけでサラダのドレッシング代わりに、またお浸しのだしじょうゆ代わりにもなる。

にんじんの豆豉&松の実和え

豆豉と松の実を香ばしく炒った熱々の油を、軽く塩もみしたにんじんにかけて和えます。油と和えることで、にんじんのビタミンA効力もアップし、栄養的にも優れものの逸品になります。

[材料] 4人分

にんじん……2本
豆豉……10g
松の実……10g
塩……ひとつまみ
油……大さじ1

[作り方]

1 にんじんは皮をむき、せん切りにして塩をふり、少しおいてから水けを軽く絞る。

2 豆豉はざく切りにする。

3 炒め鍋に油、2を入れて火にかける。香りが出たら松の実を加えて炒め、1にかけて和える。

豆豉の香りが充分油に移ったところで、松の実を入れ、軽く炒りつけるようにして炒めるのがコツ。

焼きなすの豆豉ねぎ風味

豆豉とねぎをいっしょに炒め、香りよい豆豉&ねぎ油を作り、これを焼きなすにソース代わりにのせたもの。この豆豉&ねぎ油は、ゆでたり蒸したりの温野菜にかけてもおいしいです。

[材料] 4人分

米なす……1個
豆豉……10g
長ねぎ……1本
サラダ油……大さじ2

[作り方]

1 なすはヘタを除き、4等分の輪切りにし、それぞれ両面に格子状に切り込みを入れる。

2 ねぎは斜め薄切りにする。

3 炒め鍋に大さじ1の油を熱し、1を並べて焼く。焼き色がついたら返して両面焼いて器に並べる。

4 3の鍋に残りの油と豆豉、2を入れて火にかけ、香りが出てきたら3のなすにのせる。

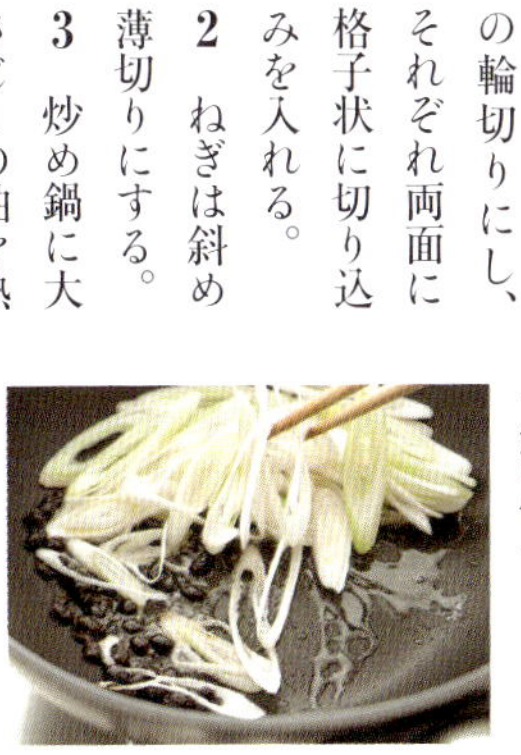

豆豉とねぎを入れてから火にかけ、ゆっくり炒めながら香りをしっかりと移し、豆豉&ねぎ油を作る。

炒め物に

豆豉を炒め、香りを移した油で材料を炒めるのが基本です。
粒のまま材料と炒め合わせたり、細かく刻んで
ソースのように材料にからめながら炒める使い方もあります。
またスパイスや香味野菜を合わせて使うことで、
香り高さが魅力の炒め物に変化します。

オクラの炒め物

調味料は豆豉だけ、の炒め物です。油に豆豉の風味が充分に移るよう、粗みじん切りにしてから豆豉を香り出しするのがポイントです。

［材料］4人分

オクラ …… 2パック（16本）

豆豉 …… 10g

サラダ油 …… 大さじ1

［作り方］

1 オクラはガクのまわりを薄くむき取り、縦半分に切る。

2 豆豉は粗みじん切りにする。

3 炒め鍋に油と**2**を入れて火にかける。香りが出てきたら**1**を加え、豆豉油をからめるようにし、オクラが少し柔らかくなるまで炒める。

空芯菜の炒め物

シンプルながら豆豉で炒める青菜のおいしさは絶品。小松菜、青梗菜などでも応用がききます。仕上げにこしょうをふって香りをつけて炒め上げます。

［材料］4人分

空芯菜 …… 200g

豆豉 …… 10g

酒 …… 大さじ1

こしょう …… 少々

サラダ油 …… 大さじ1

［作り方］

1 空芯菜は5cm長さに切り、葉と茎とを分ける。

2 炒め鍋に油と豆豉を入れて火にかける。香りが出てきたら酒をふり、**1**の茎を入れて炒める。油が回ってきたら、**1**の葉を加え、さっと炒め合わせ、仕上げにこしょうをふる。

もやしの炒め物

豆豉に赤唐辛子を炒め合わせた油で、風味よくピリリともやしを炒めます。塩、こしょうだけで炒めるおなじみのもやし炒めが、豆豉を使うことで中国の香りが吹き抜ける逸品になります。

[材料] 4人分

もやし …… 1袋
豆豉 …… 10g
赤唐辛子 …… 1本
黒酢 …… 小さじ1
サラダ油 …… 大さじ1

[作り方]

1 もやしはひげ根を取り除く。

2 豆豉は粗みじん切りにする。

3 赤唐辛子は粗くつぶす。

4 炒め鍋に油と豆豉を入れて火にかける。香りが出てきたら3を入れ、さらに香りが出てきたら1を加えて炒める。もやしに少し透明感が出てきたら黒酢をふり、さっと混ぜて火からおろす。

豆豉を香り出ししてから赤唐辛子を入れてさらに香りよく炒めるのがコツ。

さやいんげんの炒め物

豆豉と花椒を炒めて香り出しした油で、さやいんげんを炒めます。豆豉だけで炒めても美味ですが、1種類だけスパイスを合わせて使うと仕上がりがガラリと変わります。中国の炒め物の奥深さがここにあると思います。

[材料] 4人分

さやいんげん …… 200g
豆豉 …… 10g
花椒 …… 小さじ1/2
サラダ油 …… 大さじ1
酒 …… 大さじ3

[作り方]

1 さやいんげんは筋を取り、1cm長さに切る。

2 炒め鍋に油と花椒を入れて火にかける。香りが出てきたら豆豉を入れ、さらに香りが出てきたら1を加えてさっと炒め、酒をふってふたをし、3～4分蒸し炒めにする。

油に花椒の香りを引き出すために最初に炒め、そのあとに豆豉を炒め合わせるのがポイント。

帆立貝柱とクレソンの炒め物

淡白な魚介にインパクトを与える豆豉はよい組み合わせ。最初に豆豉で帆立貝柱を炒めてしっかり味をつけてからクレソンを加え、クレソンの香りをからめるようにさっと炒め合わせます。仕上げにふるスパイスは花椒粉。さわやかな炒め物になります。

クレソンはさっと炒め合わせ、花椒粉をふり入れて香りをまわして仕上げる。

[材料] 4人分

帆立貝柱……300g
クレソン……1束
豆豉……15g
花椒粉*……小さじ1/3
酒……大さじ1
サラダ油……大さじ1 1/2
*花椒をから炒りしてつぶしたもの(94ページ参照)。

[作り方]

1 クレソンは3cm長さに切る。

2 炒め鍋に油と豆豉を入れて火にかける。香りが出てきたら帆立貝柱を入れて炒め、色が変わってきたら酒をふり、ふたをして1分蒸し炒めにする。

3 帆立貝柱に火が通ったら1を加え、さっと炒め合わせ、仕上げに花椒粉をふる。

牛肉の炒め物

豆豉とクミン（106ページ参照）は牛肉や羊肉といった強い味をもつ肉にはうってつけの組み合わせです。豆豉のうま味とクミンのエキゾチックな香りをしっかり移した油を、肉にからめるように炒めます。最後にねぎとしょうがで香りをつけて完成です。

［材料］4人分

- 牛薄切り肉……300g
- ┌酒……大さじ1
- └片栗粉……小さじ1
- 長ねぎ……½本
- しょうが……1かけ
- 豆豉……15g
- クミン……小さじ⅕
- サラダ油……大さじ1½

［作り方］

1 牛肉は食べやすい長さに切り、酒と片栗粉で下味をつける。

2 ねぎは3cm長さに切って縦半分にし、しょうがはせん切りにする。

3 炒め鍋に油とクミン、豆豉を入れて火にかける。香りが出てきたら**1**を加えて炒める。炒め上がる直前に**2**を加え、さっと炒め合わせる。

油に豆豉とクミンの香りが充分に移ったところに牛肉を入れ、油の香りをからめるように炒める。

麻婆豆腐

炒め物と煮物のよさをあわせもつのが麻婆豆腐。牛肉と豆豉と唐辛子をよく炒めてベースになる油を作り、豆腐にからめるようにして炒め、ここにスープを加えて煮込んでいくからです。作り方はいろいろありますが、ご紹介するレシピは本場四川省成都にある元祖麻婆豆腐店の味に近いもの。味を決めるのは豆豉と花椒。最初に豆腐を炒めるときに味を決める豆豉と、仕上げにふり入れる花椒です。

[材料]4人分

絹ごし豆腐
……2丁(300g×2丁)
牛薄切り肉……100g
青ねぎ……2本
豆豉……10g
酒……大さじ1
しょうゆ……大さじ1
一味唐辛子……大さじ1½
花椒粉＊……小さじ1
スープ
─鶏ガラスープの素……小さじ½
─水……100mℓ
片栗粉……小さじ1
サラダ油……大さじ1

＊花椒をから炒りしてつぶしたもの(94ページ参照)。

[作り方]

1 豆腐はひと口大に切り、ざるに入れて水けを軽くきる。

2 牛肉は細かく刻む。

3 ねぎは7〜8㎜幅に切る。

4 豆豉は粗みじん切りにする。

5 鶏ガラスープの素を分量の水で溶き、スープを作る。

6 片栗粉を大さじ1の水で溶く。

7 炒め鍋に油を熱し、**2**を入れて炒める。肉の色が変わったら酒をふり入れ、鍋の中央をあけて**4**と一味唐辛子を入れて炒める。香りが出てきたら全体を合わせ、しょうゆを加えてよく混ぜ、煮立たせる。

8 **7**に**1**を加え、豆腐をくずさないようにして味をからめる。再び煮立ってきたら**5**を加え、ふたをして7〜8分煮、**6**を回し入れ、手早く混ぜてとろみをつける。**3**を散らし、花椒粉をふり入れる。

炒めた牛肉の中央をあけ、ここで豆豉と一味唐辛子を炒めて香り出しし、牛肉にからめるようにして炒め合わせる。こうすると炒め鍋1つで2つの工程をこなすことができる。

豆腐にしっかり味がついたら最後に花椒粉をふり入れて香りづけする。青ねぎも余熱で火を通すくらいがちょうどよいので、最後に入れる。

煮物に

煮物のだしとなり、塩味を決めるのが豆豉です。使い方は大きく分けて2通り。豆豉を炒めて香り出しした油を煮物のベースにする方法と、煮汁に直接豆豉を入れて煮る方法。さっと煮る場合は前者、時間をかけて煮込むときは後者の方法を使うことが多いです。

牛すね肉の煮物

時間をかけてすね肉を柔らかく煮込みます。味の決め手は紹興酒と豆豉、黒酢。牛肉は強い味の肉なので、この3つの個性的な酒と調味料をぶつけることでおいしさを引き出します。

[材料] 4人分

牛すね肉……500g
玉ねぎ……2個
豆豉……20g
紹興酒……1カップ
黒酢……大さじ1
貝割れ菜……1パック

[作り方]

1 牛肉はひと口大に切り、さっとゆでてアクを除き、水けをきる。

2 玉ねぎは2cm幅の輪切りにする。

3 鍋に**1**と紹興酒、水1カップ、黒酢を入れて火にかける。煮立ったら弱火にし、ふたをして30分煮る。

4 **3**に豆豉、**2**を加え、ふたをしてさらに40分、牛肉が柔らかくなるまで煮る。器に盛って貝割れ菜を散らす。

最初から豆豉を入れて肉を煮ると豆豉の塩けで肉がしまりかたくなるので、30分ほど肉を煮てから加える。

パプリカと油揚げの煮物

豆豉で香り出しした油をだしにして油揚げとパプリカを煮ます。隠し味はトマトと最後に入れるオイスターソース。トマトの甘酸っぱさとオイスターソースのコクが煮物に深みを与えます。

［材料］4人分

赤・黄のパプリカ……各1個
油揚げ……2枚
トマト……1個
豆豉……15g
オイスターソース……大さじ1
酒……大さじ3
サラダ油……大さじ2

［作り方］

1 パプリカは種を除いて1cm幅の輪切りにする。
2 油揚げは大きめのひと口大に切る。
3 トマトは大きめの乱切りにする。
4 炒め鍋に油と豆豉を入れて火にかける。香りが出てきたら**1**、**2**を入れて炒め合わせる。全体に油が回ったら**3**を加え、酒をふり、ふたをして弱火で10分煮る。仕上げにオイスターソースを加え、味を調える。

豆豉を香りよく炒めたところにパプリカと油揚げを入れてからめるように炒める。

仕上げに隠し味のオイスターソースを入れて煮上げる。

蒸し物に

豆豉のコクとうま味が、蒸すことで材料にしっかり入り込みます。そのために、材料にふりかけたり、もみ込んだりしてしばらくおき、味をなじませることが大切。特に肉や魚に向く調理法です。

淡白な素材にインパクトを与えるのも豆豉の役割。鶏肉はまさにそれで、蒸しながら豆豉の濃厚な風味と塩味をつけていくとてもよい調理法です。白身魚の蒸し物などにも応用がききます。

鶏肉の豆豉蒸し

鶏肉は皮を下にし、肉一面に豆豉を散らし、30分ほどおいて肉に味をなじませてから蒸しはじめる。

［材料］4人分
鶏もも肉……2枚
こしょう……少々
酒……大さじ1
豆豉……20g
青じそ……10枚

［作り方］

1 鶏もも肉は肉のほうにこしょうと酒をふり、よくもんで味をなじませる。

2 クッキングペーパーを敷いたセイロに1を皮を下にして並べ、豆豉を散らし、30分おく。

3 2を蒸気の上がった鍋にのせ、強火で20分蒸す。

4 3をひと口大に切り、器に盛ってせん切りにした青じそを散らす。

スペアリブの豆豉蒸し

肉のもみダレとして豆豉を使って蒸します。スペアリブは肉の多くついたところを選び、店で3cm長さに切ってもらいます。断面が多く、味がしみやすい上に食べやすく一石二鳥。下にかぼちゃを敷き、いっしょに蒸すとつけ合わせが同時にでき上がります。

［材料］4人分

豚スペアリブ（3cm長さに切ったもの）……500g

こしょう……少々
酒……大さじ2
黒酢……小さじ1

豆豉……30g

上新粉……大さじ1

かぼちゃ……1/4個（正味300g）

［作り方］

1 豆豉は粗みじん切りにする。

2 かぼちゃは種と皮を除き、2cm厚さのくし形切りにする。

3 豚スペアリブにこしょう、酒、黒酢をふってもみ、さらに**1**をふり入れ、よくもみ込んで30分おく。味がなじんだら上新粉をふり入れて全体にからめる。

4 クッキングペーパーを敷いたセイロに**2**を並べ、**3**をのせて30分蒸す。

粗みじん切りにした豆豉をスペアリブにまぶしつけるようにしてよくもみ込む。味がなじむまで30分おくこと。

かぼちゃを敷きつめた上にスペアリブを広げるようにしてのせる。蒸している間にスペアリブから出るうま味がかぼちゃにも移る。

オイスターソース

中国では蠔油《ハオユウ》と呼ばれ、また日本ではかき油の名でも知られています。中国の発酵調味料のほとんどが小麦、豆類や豆類の加工品など穀物を原料にしていますが、このオイスターソースは動物性食品であるかきが原料。本来は生がきを塩漬けして発酵・熟成させたエキスがベースですが、一般に市販されているものは、生がきのゆで汁や煮汁に調味料を加えて加熱し、濃縮したものが主。とろみのつき加減も製品によっていろいろです。魚介の炒め物など広東《カントン》料理によく使われる調味料でもありますが、ルーツは19〜20世紀にかけてで、比較的新しい調味料です。もともと中国ではかきを生で食べる習慣がなく、塩漬けにして保存し、干しがきにして料理に使いますが、その塩蔵中の上澄みに注目した広東の料理人が

調味料として使い、秘伝の味に昇華させたのが始まりといわれています。タイのナンプラー、ベトナムのニョクマム、日本のしょっつるといった魚醤と同様、スープストックやだしに通じるうま味と独特の香りが特徴で、この強い個性をいかに生かすかが決め手となります。

炒め物に

海鮮特有のうま味と香りがある濃厚で個性の強いソースで、基本的には炒め物に使います。かきが原料なので、おのずと魚介によく合いますが、野菜の炒め物にパンチをきかせるときに使うと効果的。その一方で牛肉など強い味の材料をぶつけるともち味が際立ちます。いずれにせよオイスターソース自体が強い味なので、使う量に気をつけるのがおいしく仕上げる秘訣です。

自家製ＸＯ醤の隠し味に

ＸＯ醤とは本来最高級の調味料という意味以外に定義はなく、したがって決まったレシピがあるわけでもないのですが、味の出る高級だし材料といえば干し貝柱に干しえび。これを使っていかにいい味を出すかが競われているようです。濃厚な風味が特徴の複合調味料であるオイスターソースを隠し味に使うと、家庭でも簡単にとてもよいＸＯ醤ができます。

炒め物に

野菜や魚介はもちろん、肉なら強い味をもつ牛肉によい味を発揮するのがオイスターソース。最後に入れて味をからめるなどコク出しに使う野菜炒めや、香りの素材を炒めたところに加えてソースを作ってからめるように炒め上げる方法、そして肉であれば下味用にもみ込んでから炒めるなど、使い方を変えて素材のおいしさを引き出します。

レタスをそのまま炒め、調味はオイスターソースとこしょうだけ。実にシンプルな炒め物ですが、永遠の人気の味です。オイスターソースは熱くしてからレタスにからめることと、レタスの炒め加減は生ではなく、しかしシャキッとした歯ざわりを残すくらいに、を押さえて。簡単なようですが、ここが味を決める大きなポイントです。

レタス炒め

[材料] 4人分
レタス …… 1個
オイスターソース …… 大さじ1
こしょう …… 少々
酒 …… 大さじ1
サラダ油 …… 大さじ1

オイスターソースは鍋肌に入れ、一度熱くしてからレタスにからめるように炒める。

[作り方]

1 レタスは6等分のくし形切りにし、芯を除く。

2 炒め鍋に油を熱し、1を入れ、酒をふってふたをし、1分ほど蒸し炒めにする。

3 レタスのかさが減り、油が回ったら、オイスターソースを鍋肌に沿って入れ、煮立てる。手早く混ぜて全体にからめるように炒め、仕上げにこしょうをふる。

ブロッコリーの炒め物

干しえびを炒め、魚介と相性のよいオイスターソースを加えて炒め合わせたスペシャルなソースを作り、これをからめるようにしてブロッコリーを炒めます。野菜1種類でもこんなに味わい豊かな炒め物になるのかと感動します。

［材料］4人分
- ブロッコリー …… 1個
- 干しえび …… 15g
- 酒 …… 大さじ1
- オイスターソース …… 大さじ1
- サラダ油 …… 大さじ1

［作り方］
1. ブロッコリーは小房に分け、さっとゆでて水けをしっかりきる。
2. 干しえびはできるだけ細かく刻む。
3. 炒め鍋に油と2を入れて火にかけ、炒める。香りが出てきたらオイスターソースを入れて炒め、1を加えて酒をふり、からませるように炒める。

えびとしいたけの炒め物

オイスターソースがあれば家庭でも広東風のえび炒めが簡単にできます。炒め合わせるのは生しいたけ。味の出る素材、先に香りよく炒めてからえびを入れ、最後にオイスターソースをからめるように炒め合わせます。

［材料］4人分
- むきえび …… 200g
- 生しいたけ …… 6枚
- オイスターソース …… 大さじ1
- 片栗粉 …… 小さじ½
- サラダ油 …… 大さじ1

［作り方］
1. むきえびはさっとゆでて水けをきり、粗熱をとってから片栗粉をまぶす。
2. しいたけは軸を切り落とし、薄切りにする。
3. 炒め鍋に油と2を入れて火にかけ、炒める。香りが出てきたら1を入れて炒め合わせる。オイスターソースを鍋肌に入れ、煮立ったらからめるようにして炒める。

青椒肉絲《チンジャオロウスー》

中国の定番中の定番炒め物のひとつです。青椒とはピーマンのこと。本来主役はピーマンで、細切りにした肉（肉絲）を味出しとして炒め合わせます。豚肉、羊肉、牛肉と肉はいろいろなバージョンがありますが、牛肉で作るときはオイスターソースを隠し味にするのがポイント。強い味同士をぶつけることではっきりした味が引き出され、ピーマンをおいしくします。

［材料］4人分

ピーマン……4～5個

牛もも肉（焼き肉用）……250g

酒……大さじ1

塩……ひとつまみ

こしょう……少々

片栗粉……小さじ½

しょうゆ……大さじ1

オイスターソース……大さじ½

サラダ油……大さじ1

［作り方］

1 ピーマンは縦半分に切って種を除き、縦に細切りにする。

2 牛肉は肉の繊維に沿って細く切り、酒、塩、こしょう、片栗粉を順に加えてもみ込み、15分おいて下味をつける。

3 炒め鍋に油を熱し、**2**を入れて炒める。完全に火が通ったらオイスターソースを入れてからめるように炒め、**1**を加えて炒め合わせる。仕上げにしょうゆを回し入れ、全体を混ぜて炒め上げる。

炒めて火を通した牛肉にオイスターソースをからめるように炒め、味をなじませてからピーマンを入れる。

牛肉とグリーンアスパラガスの炒め物

オイスターソースを下味としてもみ込んで炒める方法です。オイスターソースで生きるのはやはり強い味の牛肉。

[材料] 4人分

牛薄切り肉……200g
- 酒……大さじ1
- オイスターソース……大さじ1
- 片栗粉……小さじ1/2

グリーンアスパラガス……3〜4本
花椒……小さじ1/2
塩……小さじ1/4
サラダ油……大さじ1

牛肉の下味としてオイスターソースを使う。平均にからむようもみ込み、味をなじませる。

[作り方]

1 牛肉は食べやすい長さに切り、酒、オイスターソース、片栗粉を順に入れてもみ込み、15分おいて下味をつける。

2 グリーンアスパラガスは根元のかたい皮を薄くむき、たたきつぶし、長さを3等分に切る。

3 花椒は粗くつぶす。

4 炒め鍋に油と3を入れて火にかけ、香りが出てきたら1を入れて炒める。肉の色が変わってきたら2を加え、炒め合わせる。アスパラガスの色が鮮やかになってきたら塩で調味する。

自家製XO醤の隠し味に

このXO醤、ご飯にのせて食べると何杯もお代わりするほど。もちろんおかゆのともとしてもいい。

隠し味としてオイスターソースを使うことで、少ない材料で奥深い味が出ます。いっしょに黒酢を使うと、オイスターソース特有のくせがやわらぎ、万能調味料として大活躍します。

［材料］作りやすい分量

干し貝柱……80g
干しえび……30g
サラダ油……100mℓ
紹興酒……50mℓ
しょうゆ……50mℓ
黒酢……50mℓ
オイスターソース……150mℓ
はちみつ……大さじ1

1 干し貝柱はひたひたの水に浸し、冷蔵庫に24時間入れてもどす（乾物をもどすときは低温で長時間かけて、が中国料理の基本）。保存用ポリ袋を使うと便利。

2 セイロにクッキングペーパーを敷き、1と粗く刻んだ干しえびを入れ、蒸気の上がった鍋にのせ、ふたをして15分蒸す。

3 炒め鍋に油を入れ、2の貝柱をほぐし、えびとともに加えて弱火にかける。

4 ゆっくり時間をかけながら5～6分炒め、香りを油に移す。

5 香りが充分に出てきたら紹興酒、しょうゆ、黒酢を順に入れる。

6 再び煮立ち、さらに香りが出てきたらオイスターソースを加え、半量になるまで煮つめ、仕上げにはちみつを加えて混ぜる。

黒酢について

酢の物など酸味をつけたいときに入れる和食の酢使いと違い、中国の黒酢は隠し味として使います。イタリアのバルサミコ酢○年物といったような黒酢もありますが、これは飲んで味わうもの。料理用には不向きなので、強い個性をもつものは避け、ごくふつうに出回るものを選んでください。黒酢はあくまで脇役、まろみとあっさりしたあと味を与え、黒酢のもつ独特な風味が減塩にも貢献します。黒酢をたっぷり入れても料理が酸っぱくなりません。まろやかな味わいは、これぞ黒酢使いの真骨頂です。

ビーフン炒め

香り出しとピリッとした辛みをプラスするのに玉ねぎと赤唐辛子を使いますが、基本はXO醤だけで炒めます。仕上がりはまさに極上シンプル。一度味わうとやみつきになるおいしさです。

[材料] 2人分

ビーフン …… 150g
サラダ油 …… 大さじ1
玉ねぎ …… 1個
自家製XO醤 …… 大さじ2
スープ
　鶏ガラスープの素 …… 小さじ½
　水 …… ½カップ
赤唐辛子 …… 1本
油 …… 大さじ1

[作り方]

1 ビーフンはぬるま湯に浸してもどし、食べやすい長さに切る。

2 1を2分ほど熱湯でゆで、ざるにあけて水けをよくきり、サラダ油をまぶしておく。

3 玉ねぎはみじん切りにし、赤唐辛子は輪切りにする。

4 炒め鍋に油と3を入れて火にかけ、炒める。油が回り、香りが出てきたら2を加え、炒め合わせる。全体になじんできたらスープを加え、水分がなくなるまでさらに炒め、XO醤を加えてむらなく炒め合わせる。

自家製XO醤の隠し味に

なすのXO醤炒め

XO醤で炒めると、なすもごちそうの1品になります。ちなみに中国のなす料理は皮をむくのが基本です。かたさの違う皮と身を、いっしょに調理しないというのは理にかなったこと。また、繊維に沿って切ることも大切。炒めている間になすから水分が出にくくなり、水っぽい炒め物になりません。

［材料］4人分

なす …… 5本
酒 …… 大さじ1
自家製XO醤 …… 大さじ2
サラダ油 …… 大さじ1 1/2

［作り方］

1 なすは皮をむいて縦に細く切る。

2 炒め鍋に油を熱し、1を入れて炒め、全体に油が回ってなじんできたら、酒をふり入れてさらに炒める。少ししんなりしてきたらXO醤を加え、からめるように、全体を混ぜながら炒め上げる。

XO醤は、なすがしんなりしてきたら最後に入れ、味をからめるように炒め合わせる。

厚揚げと万願寺とうがらしの炒め物

植物性たんぱく源として豆腐と並び、厚揚げは重宝な材料で、日常的によく使います。ちょっと濃い味に仕上げると、ご飯のとてもよいおかずになります。煮汁のスープに自家製XO醤を隠し味に使い、厚揚げに煮含めます。ちなみに厚揚げと煮合わせる万願寺とうがらしの代わりに、同じ甘唐辛子の仲間、しし唐辛子を使ってもOKです。

［材料］4人分

厚揚げ …… 1枚
―片栗粉 …… 小さじ1/2
万願寺とうがらし …… 3〜4本
スープ
―鶏ガラスープの素 …… 小さじ1/2
水 …… 1/2カップ
―自家製XO醤 …… 大さじ2
サラダ油 …… 大さじ1

［作り方］

1 厚揚げは4等分に切り、切り口に片栗粉を軽くつける。
2 万願寺とうがらしは斜めに切る。
3 スープの材料を合わせる。
4 炒め鍋に油と**1**の切り口を下にして入れ、切り口全部に焼き色がついたら**2**を加え、炒め合わせる。
5 **4**に**3**を入れ、煮立ったら弱火にしてふたをし、6分ほど煮る。

花椒

ホワジャオ

中国の山椒で、完熟した実を乾燥させたもの。日本の山椒に比べ、香りも辛みも強いのが特徴です。香りはさわやかなので、野菜、肉、魚介と基本的になんにでも合う万能スパイス。ただし使う量を多くすると舌がしびれます。これが醍醐味の料理もあるので、この〝しびれ具合〟をどう按配して料理に生かすかが勝負になります。粒のままかつぶすか、そのままか加熱するか、いずれも後者のほうが香りも〝しびれ具合〟も増します。

粒のまま

〝しびれ〟を出さず、香りを生かしたいときには粒のまま使います。煮物でも炒め物でも同じです。

花椒油にして

花椒の香りを移した油をあらかじめ作り、かけたり和えたり、炒めたりするときに。〝しびれ〟はなく、香りだけを味わうのに効果的な方法です。

すりつぶして

すりつぶし、花椒粉にすることで、香りも〝しびれ具合〟も強くなります。塩を混ぜた花椒塩は万能のすばらしい調味料になりますし、自家製ラー油にも唐辛子粉と花椒粉は不可欠。

粒のまま

花椒の香りを優先させて料理に生かす一番の方法は、粒のまま使うこと。特に煮物にこの方法は有効です。煮汁が煮立ったところにふり入れ、弱火でゆっくり香りを煮汁に移していくのがポイントです。

鶏肉など淡白な材料とさわやかな香りの花椒は、相性よしの組み合わせ。この料理の味を決めるポイントは3つ。まず鶏肉を酒で煮ること。そして花椒を入れたら弱火でゆっくり香りを移すこと。調味料は塩だけ。花椒と塩が合体して生まれるおいしさを堪能できる逸品です。

鶏肉と里芋のさわやか煮

［材料］4人分

鶏もも肉……1枚（300g）
里芋……4個
花椒……小さじ1/2
酒……1カップ
粗塩……小さじ1/3

［作り方］

1 鶏肉はひと口大に切る。
2 里芋は皮をむく。
3 鍋に1と酒を入れて火にかける。煮立ったら1分煮て弱火にし、2を加え、花椒をふり入れ、ふたをして15分煮る。
4 花椒の香りがしっかり立ってきたら粗塩で調味し、さらにふたをして5分煮る。

里芋を入れたらすぐに花椒をふり入れ、ふたをして香りを出しながら弱火で煮込む。

花椒油にして

花椒を入れ、ゆっくり香り出しした油が花椒油です。さわやかでマイルドな風味が特徴で、そのままタレやソースにしたり、また炒め物の香り油として使います。直接材料と炒め合わせるより、まろやかな味に仕上がります。

1 炒め鍋にサラダ油⅔カップを入れて弱火にかけ、温まってきたら花椒大さじ2を入れる。

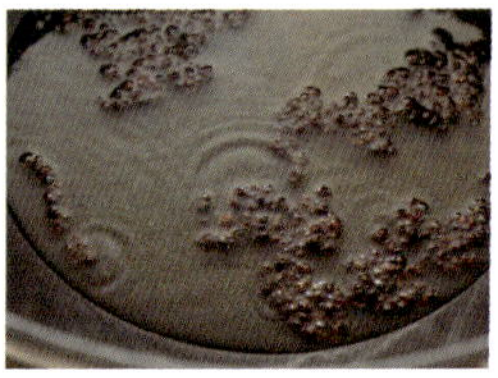

2 赤かった花椒がだんだん黒っぽくなり、香りが出てきたら火を止め、そのまま冷ます。

蒸しかぶ

蒸し野菜に塩と花椒油をかける、ただそれだけですが、さわやかな風が吹き抜ける逸品になります。カリフラワー、ブロッコリー、スナップえんどう、にんじん、なんにでも応用がききます。

[材料] 4人分

かぶ …… 大4個

塩 …… 小さじ¼

花椒油 …… 大さじ1

[作り方]

1 かぶは茎を落とし、皮を薄くむいて4等分に切り、クッキングペーパーを敷いたセイロに並べ、蒸気の上がった鍋に置いて7〜8分蒸す。

2 熱々を器に盛り、塩をふり、花椒油をかける。

豆腐と大根のスープ

あっさりしたスープの香りづけに花椒油が生きます。根菜類は煮るとだし的な役割も果たす力がありますが、大根もしかり。中国では大根を日本の千枚漬けのように薄く切って味わい深く煮る料理がありますが、これをスープに応用しました。

[材料] 4人分

絹ごし豆腐……1丁
大根……400g
スープ
—鶏ガラスープの素……小さじ1
—水……3カップ
塩……小さじ1/2
花椒油……大さじ1

[作り方]

1 大根は皮をむいて、薄く輪切りにする。

2 鍋にスープの材料を入れて火にかけ、煮立ったら1を入れて5分煮る。

3 2に豆腐を加えて軽くつぶし、3分煮る。塩で調味し、仕上げに花椒油で香りをつける。

枝豆、ザーサイ、ゆで卵の和え物

枝豆とゆで卵をザーサイの塩味と花椒油の香りであっさりと合えます。初夏の気持ちよい風がさわやかに吹き抜けるような和え物になります。ちなみにザーサイはものによって塩加減が異なるので、味をみて適度に塩抜きを。味つきのものはそのまま使ってOKです。

[材料] 4人分

枝豆……150g（正味）
ザーサイ……50g
ゆで卵……2個
花椒油……大さじ1

[作り方]

1 枝豆はゆでて、さやから豆を取り出す。

2 ザーサイはみじん切りにして20分ほど水に浸し、適度に塩抜きし、水けを絞る。

3 ゆで卵は、7〜8㎜幅の輪切りにする。

4 1〜3を合わせて器に盛り、花椒油をかける。

青菜といかの炒め物

花椒油の香りと豆豉のコク、赤唐辛子の辛みをつけた炒め物です。スパイスは香りが混ざると個性が消え、よさがなくなるので、混合して使わないのが原則ですが、赤唐辛子は例外。香りというより辛みをつけるものだからです。青菜は、小松菜、菜の花、青梗菜、ターサイなどなんでもおいしいです。

［材料］4人分
青菜……1束
いか……中1ぱい
花椒油……大さじ1
豆豉……10g
赤唐辛子……1本
酒……大さじ1
塩……小さじ$\frac{1}{4}$

［作り方］

1 青菜は3cm長さに切り、葉と茎を分ける。

2 いかは足を抜いて内臓を除き、水洗いする。胴は7～8mm幅の輪切りにし、足は食べやすく切り分け、ともにさっとゆでて水けをきる。

3 炒め鍋に花椒油と豆豉、赤唐辛子を折って入れ、火にかける。香りが出てきたら**2**を入れて炒め、油が回ってきたら**1**の茎を加え、酒をふり入れる。全体になじんできたら**1**の葉も加えて炒め合わせ、塩をふって炒める。

花椒油で豆豉と赤唐辛子を充分に香り出しして、炒める油のベースを作る。

いかと青菜の茎に油をからめるようにして炒め、全体に油がなじんでから葉を加える。

卵ときゅうりの炒め物

卵ときゅうり、おもしろいとり合わせですが、美味。炒めることで、きゅうり特有の青くささがとれ、やさしい卵の味とよくなじみます。ややしんなりするくらいまできゅうりを炒めるのがおいしくする秘訣。花椒油で炒めると香りよい逸品になります。

［材料］4人分

卵……3個

きゅうり……2本

しょうゆ……大さじ1

花椒油……大さじ2

［作り方］

1 卵は溶きほぐす。

2 きゅうりはたたきつぶして3cm長さに切る。

3 炒め鍋に花椒油を熱し、1を入れ、鍋の縁からふくれてきたら大きく菜ばしで混ぜ、数個のかたまりに分けてふっくら焼く。

4 3の卵を鍋の端に寄せ、あいたところに2を入れて炒める。きゅうりに油がなじんできたら卵と炒め合わせ、しょうゆで調味する。

花椒油が熱くなりはじめたところで溶き卵を流し入れる。油が熱すぎるとあっという間に卵がかたくなるので注意する。

鍋の縁から卵がふくれてくる。このタイミングを逃さず、菜ばしで向こう側に寄せるようにして卵を大きく炒めるのがコツ。

すりつぶして

炒ってからすりつぶした花椒粉は、「加熱」と「つぶす」を重ねることで、花椒の香りも〝しびれ具合〟も際立たせます。麻婆豆腐（72ページ参照）など、ジンジンと舌がしびれるくらいがおいしい料理に向きます。

1　フライパンに花椒を入れて火にかけ、炒る。最初赤みがかっていた花椒が、炒るにつれ黒みを帯び、香りが出てきたところで火からおろす。

2　熱いうちにすり鉢に入れ、すりこ木でたたきつぶしてから、細かくなるまでする。

棒々鶏《バンバンヂー》

［材料］4人分

鶏ささ身……4本
きゅうり……1本
玉ねぎ……½個
タレ
練りごま……大さじ1½
しょうゆ……大さじ1
黒酢……大さじ1
水……大さじ1
花椒粉……小さじ1

中国冷菜の定番中の定番。蒸し鶏を棒でたたいて柔らかくして調理したのでこの名がついたといわれますが、もともと柔らかいささ身を蒸して手軽に作ります。味を決めるのはごまダレ。練りごまがベースで、しょうゆと黒酢が隠し味。ここに花椒の香りと〝しびれ〟をきかせると、ピリッとしまった棒々鶏になります。

［作り方］

1　鶏ささ身は蒸気の上がった蒸し器で12分蒸す。粗熱がとれたら食べやすい大きさに裂く。

2　きゅうりはせん切りにし、玉ねぎは繊維を断つように薄切りにする。

3　ボウルにタレの材料を合わせて混ぜ、1を加えて和える。

4　器に2を敷き、3をのせる。

鶏肉のころも揚げ

揚げ物につけて食べるとなかなかにおいしい花椒塩。魚介の揚げ物や野菜のフリッターなどにもとてもよく合います。特に淡白な鶏肉との相性はなかなか。下味にも花椒塩を使うと、くさみも抑えられます。

[材料] 4人分
鶏むね肉……1枚
—花椒塩……小さじ1/3
ころも
—卵……1個
—上新粉……大さじ2
揚げ油……適量
花椒塩……小さじ1

[作り方]
1 鶏肉はひと口大に切り、花椒塩をふって30分おき、下味をつける。
2 ころもの材料を混ぜ合わせ、1につけ、１７０℃の油でからりと揚げる。油をきり、花椒塩をつけていただく。

花椒塩

花椒粉と粗塩を3対1の割合で合わせるだけ。花椒と塩は無類の相性よしで、調理に、またでき上がった料理にかけるなど、洋風料理のこしょうのような万能選手。作りおきしてテーブル花椒塩にすると重宝。

うなぎの白焼きとねぎの炒め物

うなぎの白焼きと九条ねぎなど青ねぎをさっと炒め合わせ、最後に花椒塩で調味します。脂ののったうなぎの味と青ねぎの香りをさわやかにつなぐのが花椒塩。実にストレートでシンプルなのにもてなしにもなる逸品です。

[材料] 4人分
うなぎの白焼き……1枚
青ねぎ(九条ねぎ。わけぎでもＯＫ)……4本
花椒塩……小さじ1
サラダ油……大さじ1

[作り方]
1 うなぎは2cm幅に切る。
2 ねぎは斜め6〜7cm幅に切る。
3 炒め鍋に油を熱し、1を入れて炒める。油が回ってきたら花椒塩をふり入れて調味し、2を加えてさっと炒め合わせる。

すりつぶして

自家製ラー油

唐辛子の辛さと花椒の〝しびれ〟とさわやかな香りがごちそうのラー油です。塩味をまったくつけないので使い方は自由自在。中国では焼売《シューマイ》はからしじょうゆではなく、黒酢にこのラー油を入れて食べるのが定番。ちなみにラー油は本来、辛い油ではなく、唐辛子を食べるものなので、しっとりオイリーなふりかけ状です。唐辛子は一味唐辛子を使うと手軽。焦げやすいので一味唐辛子の1/3量の水をふりかけてしっとりさせてから炒めるのがコツです。

［材料］作りやすい分量
花椒粉……小さじ1
一味唐辛子……大さじ3
白ごま……大さじ1
ごま油……大さじ3

1 一味唐辛子を水大さじ1をふりかけてもどし、ごま油を入れた炒め鍋に入れ、花椒粉、白ごまも入れて火にかける。

2 弱火でゆっくり炒める。菜ばしで混ぜながら、全体が油にからまり油液がほとんどなくなるまで炒める。

麻辣麺《マアラオミエン》

「麻」とはしびれ、「辣」は辛いこと。文字通り〝しびれ〟と辛さが醍醐味の麺で、これは花椒と唐辛子を使ったラー油でないと味わえません。刻んだねぎを炒めてしょうゆで調味したソースにからめ、この自家製ラー油を薬味に、辛くしびれてさわやかな味わいです。

［材料］2人分
中華麺……2人分
長ねぎ……1本
しょうゆ……大さじ2
サラダ油……大さじ2
自家製ラー油……適量

［作り方］

1 炒め鍋にサラダ油を熱し、小口切りにしたねぎを炒める。しんなりしてきたらしょうゆで調味する。

2 中華麺をゆでて水けをしっかりきり、1と合わせ、器に盛って自家製ラー油をのせ、混ぜ合わせていただく。

みんなが大好きななす料理です。これも自家製ラー油で作ると簡単にして本格的な味に仕上がります。中国ではなすの皮はかたいので全部むいて料理しますが、日本のものはそうかたくなく、また色合いを生かしたいので中間をとって縞にむいて乱切りにしました。

麻婆なす

[材料] 4人分

なす…… 5本
豚ひき肉…… 100g
長ねぎ…… 10cm
酒…… 大さじ1
しょうゆ…… 大さじ1/2
甜麺醤…… 大さじ1/2
スープ
　鶏ガラスープの素…… 小さじ1/2
　水…… 1/2カップ
自家製ラー油…… 大さじ1/2
片栗粉…… 小さじ1
サラダ油…… 大さじ1

[作り方]

1 なすはところどころ皮をむき、乱切りにする。

2 ねぎはみじん切りにする。

3 炒め鍋に油を熱し、豚ひき肉を入れて炒める。肉の色が変わってきたら、酒、しょうゆ、甜麺醤を順に入れて炒める。

4 3に1を加えて炒め合わせ、スープを入れる。ふたをし弱火で5分蒸し炒めにし、ラー油を入れ、水大さじ1で溶いた片栗粉でとろみをつけ、仕上げに2を散らして炒め合わせる。

甜麺醤を入れて少し甘めに炒めたなすが、ラー油を少し入れたとたん、ピリッとしまり、いっきに麻婆の味に。

八角《はっかく》

中国原産の常緑樹の果実を乾燥させたもの。漢方の大《だい》茴香《ういきょう》とはこの八角のこと。舟形のさやが星状に集まりアニスに似た香りをもつことから、スターアニスとも呼ばれます。強くて甘い香りが特徴で、煮出したり汁や油に浸して独特の芳香を移して使うのが王道。特に豚肉や鶏肉、魚介などの煮物には欠かせない大切なスパイスのひとつです。

煮物に

独特の甘い香りで包み込み、材料のくせをやわらげます。豚肉、鶏肉によく合い、煮物に使うと風味よく仕上がります。

タレの隠し味に

下味をしっかりつけてから調理する漬けダレや、蒸し物などのかけダレの隠し味に八角の甘い香りが生きます。特に豚肉や鶏肉などの肉料理に。

八角油にして

油に入れて香りを移すと強さがやわらぎ、マイルドに。かけたり和えたりのタレや、オイルソースとして何かと重宝します。

煮物に

豚肉や鶏手羽肉などをしょうゆ味でこってり煮るときには八角の甘い香りががぜんよさを発揮します。また淡白な野菜をスープで煮含めていくときなどの風味づけにもこの香りがおいしさを呼び込みます。

豚の角煮

中国料理の東坡肉《トンポーロウ》は、豚肉と八角を使う定番中の定番料理。豚肉の甘みと八角の甘い香りが抜群のハーモニーを奏でます。表面を焼いてからゆで、煮込んでからさらに蒸すという東坡肉の作り方を、もっと手軽においしくしたのがこの角煮。煮込んだあと、火を止めてしばらくおくのがコツです。煮汁がとてもおいしいので途中でゆで卵を入れるのがわが家流。あとでラーメンにのせて食べるのも楽しみのひとつです。

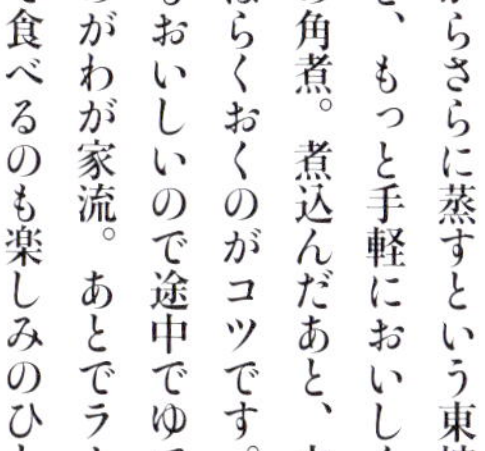

しょうゆを入れる前に八角や紹興酒、はちみつとともに豚肉を下煮しておき、肉がしまる前に香りを移す。

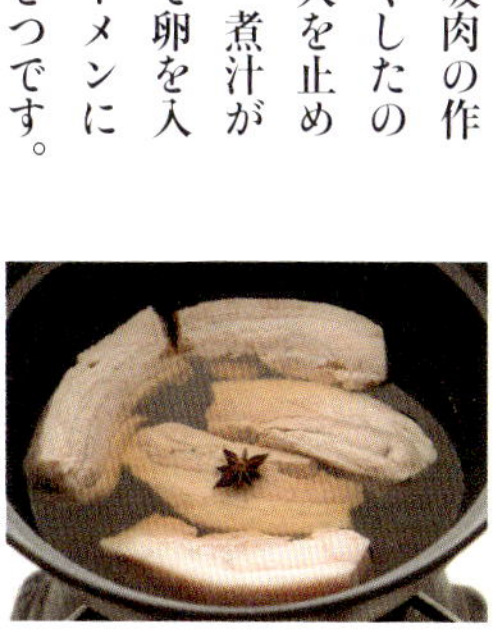

火を止め、ふたをしたまま2時間ほどおく。蒸すと同じ効果があり、味がしみると同時に肉が柔らかく仕上がる。

[材料] 4人分

豚バラ肉（かたまり）…… 500g
ゆで卵 …… 4個
紹興酒 …… 1/2カップ
はちみつ …… 大さじ1/2
八角 …… 1個
しょうゆ …… 大さじ3

[作り方]

1 豚バラ肉は大きめのひと口大に切り、さっとゆでて水けをきる。

2 鍋に1、紹興酒、はちみつ、八角と、水1カップを入れて火にかける。煮立ったら弱火にし、ふたをしてさらに10分煮る。

3 2にゆで卵を入れ、さらに20分煮る。しょうゆを加え、さらに20分煮る。火を止め、そのまま2時間おいて味を含ませる。

冬瓜の煮物

冬瓜は淡白なウリ科の野菜で、中国ではスープや煮物によく使いますが、八角をしのばせて煮ると別物の味が楽しめます。干しえびでだしをとるくらいの薄味で煮るだけなのに、八角の甘い香りがあるゆえに、ただのあっさり味だけでないおいしさを引き出します。

[材料] 4人分

冬瓜……1/4個（600g）
干しえび……15g
スープ
　鶏ガラスープの素……小さじ1/2
　水……2/3カップ
八角……1個
塩……小さじ1/3
片栗粉……小さじ1
ごま油……小さじ1
サラダ油……大さじ1

[作り方]

1 冬瓜は皮をむいて種を取り、ひと口大に切る。
2 干しえびは粗みじん切りにする。
3 鍋に油、**2**を入れて火にかけ、香りが出てきたら**1**を入れて炒める。全体に油が回ってきたらスープ、八角を入れる。煮立ったら弱火にし、ふたをして8分煮る。塩で調味し、大さじ1の水で溶いた片栗粉でとろみをつけ、ごま油を落として香りをつけて仕上げる。

仕上げに入れる水溶き片栗粉は必ず煮汁を煮立てたところに入れてざっと混ぜるのがコツ。

白菜と豚バラ肉の蒸し煮

豚肉をだしに、八角を香りづけに旬の白菜をたっぷり食べる逸品で、ふりかけた酒をよび水代わりに、白菜自らの水分で蒸しながら煮るので、あっさりながらうま味たっぷりに仕上がります。

［作り方］

1 白菜は鍋の深さに合わせて長さを切り、立てるようにして鍋に詰める。

2 1の上に豚肉を広げてのせ、酒を注ぎ、八角をのせて火にかける。煮立ったら弱火にして塩をふり、ふたをして15分煮る。仕上げにしょうゆをふり入れ、ひと煮する。

［材料］4人分

白菜……½個
豚バラ薄切り肉……200g
八角……2個
塩……小さじ⅓
酒……1カップ
しょうゆ……大さじ½

切った白菜を縦にして鍋に詰めるようにして入れ、上に広げた豚肉と八角をのせる。この重ね煮は、豚肉のうま味と八角の香りを、白菜においしく移す絶妙な方法。

タレの隠し味に

液体に漬けることにより八角の香りがいいかたちで漂い出ます。煮物についで漬け汁に威力を発揮するのはこの理由から。味というより香りづけですが、あるのとないのとでは味がガラリと変わるほどの名脇役です。

蒸し鶏の八角酒漬け

八角を紹興酒で煮出し、これをタレにして鶏もも肉にかけてから漬けダレごと蒸すというちょっと変わった方法をとります。タレには鶏肉のくせを抑えるしょうがも加え、紹興酒に同量の水を加えるのがポイント。この漬けダレの調味は塩のみというのも、味を出す秘訣です。

［材料］4人分
鶏もも骨つき肉……1枚
タレ
　紹興酒……1カップ
　水……1カップ
　塩……大さじ2/3
　八角……2個
　しょうがの薄切り……1かけ分
香菜……2本
しょうがのせん切り……1かけ分

［作り方］
1　鍋にたっぷりの湯を沸かし、鶏もも肉を入れて5分ゆで、水けをきってバットに置く。
2　鍋にタレの材料を入れて火にかけ、煮立ったら弱火にして2分煮て、熱々を**1**にかける。
3　蒸気の上がった蒸し器に**2**をバットごと入れ、15分蒸す。蒸し上がったらそのまま冷まし、ひと口大に切って器に盛り、葉先を摘んだ春菜としょうがのせん切りをのせる。

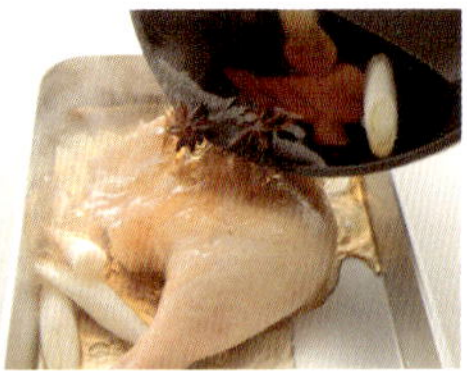

八角としょうがを紹興酒と水で煮出し、香り出ししたタレを鶏もも肉にかけてから蒸す。

叉焼《チャーシュー》

いわゆる焼き豚。作り方はいろいろありますが、甘辛く香ばしく、しかもジューシーに焼き上げるのが目標。豚肉は下焼きしてからオーブンで焼くと失敗なくおいしくできます。タレの甘みは、はちみつでつけますが、八角を入れて甘い香りをプラスするとてもおいしくなります。

[材料]

豚肉（焼き豚用）…… 400g

漬けダレ

- 紹興酒 …… 1/2カップ
- しょうゆ …… 大さじ3
- 黒酢 …… 大さじ1
- 腐乳の漬け汁（56ページ参照）…… 大さじ2
- 八角 …… 3個

はちみつ …… 大さじ1

サラダ油 …… 大さじ1

[作り方]

1 鍋に漬けダレの材料を入れて火にかけ、1/2量になるまで煮つめ、そのまま冷ます。

2 豚肉はばらばらにならないようネットをかぶせるかタコ糸で縛り、保存用ポリ袋の中に入れ、**1**も入れてもみ込み、ひと晩冷蔵庫で味をなじませる。

3 **2**を冷蔵庫から出して常温に戻す。

4 炒め鍋に油を熱し、**3**の豚肉を入れて表面を少し焼いたら漬けダレを少量加え、タレをからませるようにして焼く。

5 アルミホイルに**4**を包み、250℃のオーブンで20分焼く。好みの厚さに切っていただく。

豚肉にタレをよくなじませるには保存用ポリ袋を使うと便利。もみ込んだら冷蔵庫でひと晩ねかせる。

まず肉を下焼きする。タレを全体にからめるように焼きつける。

本焼きはオーブンで。中までほどよく火を通し、表面を乾燥させないよう、アルミホイルで包み込む。

八角油にして

八角を低めの温度の油でゆっくり香り出ししたものです。甘い香りが特徴ですからそのままタレやソースにして和えたりかけたりします。形がチャーミングな八角ですから、テーブルに出してめいめいかけるという使い方もOKです。

炒め鍋にサラダ油1カップと八角10個を入れて弱火にかける。160℃くらいが八角の香りをいちばんよい状態で引き出すので、香りが出てきたら火を止め、そのまま冷めるまでおき、保存びんなどに移す。

つるむらさきの白和え

ゆでると独特のぬめりがあるこの葉野菜は、ビタミン、ミネラルともに多く含み、栄養的にも優れものですが、見た目からか手を伸ばしづらいようです。ぜひ八角油で白和えに。香りがつるむらさきにとてもよく合います。ちなみに白和えは日本だけでなく中国の家庭でもよく食べます。簡単に作れるなら毎日でも！ と思わせるとっておきのレシピを紹介します。

[材料] 4人分

つるむらさき…… 1束
絹ごし豆腐…… 1丁
粗塩…… 小さじ$\frac{1}{3}$
八角油…… 大さじ1

[作り方]

1 つるむらさきはさっとゆで、水にさらして水けをきり、3cm長さに切ってさらに水けを絞る。

2 ボウルに1とくずした豆腐、塩を加えて和え、八角油を回し入れて香りをつける。

蒸しさつま芋に

蒸したさつま芋はそのままでおやつになります。が、この八角油をソースのようにしてかけるとご飯のおかずにもなるし、ちょっとしたおつまみにもなります。甘みをもつさつま芋と八角の甘い香りが引き合って織りなす味です。さつま芋は皮をよく洗い、蒸気の上がった蒸し器で10分ほど、竹串を刺して中までスーッと通るまで蒸します。これを1㎝厚さくらいの輪切りにして器に盛り、八角油をさつま芋の切り口に適量かけるだけ。

たこの風味炒め

ゆでだこを八角油でさっと炒めます。これだけの実に簡単なレシピなのですが、ちょっとくせになりそうな小菜です。やはりたこにもほのかな甘みがあり、これが八角の香りとマッチするからです。

［材料］4人分

ゆでだこの足
…… 1～2本（100g）

八角油 …… 大さじ1

塩 …… 少々

［作り方］

1 たこは5～6㎜厚さの斜め切りにする。

2 炒め鍋に八角油を温め、1を入れてさっと炒め、塩で調味する。

クミン

アラブ諸国、トルコなど西アジアやインドなどのスパイスという印象があるかもしれませんが、羊肉料理のある東北部を中心に中国でもとてもよく使います。このスパイス、豚肉や鶏肉では太刀打ちできないほど個性が強く、肉なら羊肉か牛肉にしか合わないと言い切っていいくらいです。魚介なら逆に甲殻類や貝類が意外に合いますが、野菜だけの香りづけには向かないと言ってもよいでしょう。

羊肉料理に

羊肉料理を食文化とする国々にクミンが定着しているように、炒め物、焼き物、煮物と調理のジャンルを問わず、羊肉にはとてもよく合うスパイスです。

フェンネル、唐辛子や豆豉と合わせて

強い香りをもつフェンネルと合わせたり、辛さが全面に出る唐辛子や、独特の風味と塩味をもつ豆豉との相性は抜群にいいです。

羊肉料理に

クミンの強い香りを、特有のにおいとくせをもつ羊肉に合わせると、強いもの同士がぶつかり合い、不思議とおいしい部分が強調されて、また食べたくなる味を生み出します。ちなみに羊肉はマトンでもラムでもＯＫです。

羊肉と香味野菜の唐辛子炒め

中国では爆羊肉《バオヤンロウ》の名でおなじみの家庭料理で、羊肉料理といえばまずはこれという定番中の定番です。「爆」とは高温の油で一気に炒め上げる調理法。クミンと一味唐辛子の香りで包み込みながら羊肉を炒めます。いっしょに炒めるのはねぎ。さらに羊肉とベストコンビネーションの香菜を香りづけにさっと炒め合わせて仕上げます。

一味唐辛子は焦げやすいので、先にクミンを入れ、香りが出てきたら加えて炒める。

クミンと一味唐辛子のよい香りが充分に移った油を、ソースのように羊肉にからめながら炒めるのがポイント。

[材料] 4人分

羊薄切り肉……250g
―しょうゆ……大さじ1
―黒酢……大さじ1
長ねぎ……1本
香菜……1束
クミン……小さじ1
一味唐辛子……小さじ1
サラダ油……大さじ1

[作り方]

1 羊肉は食べやすく切り、さっとゆでて水けをきり、しょうゆ、黒酢をふりかけて下味をつける。

2 ねぎは斜め薄切りにする。

3 香菜は3cm長さに切る。

4 炒め鍋に油とクミンを入れて火にかけ、香りが出てきたら一味唐辛子を加え、さらに香りが出てきたら**1**を入れて炒め、**2**を加えて炒め合わせ、**3**を加えてさっと炒める。

羊肉料理に

羊肉とクミン、トマトの組み合わせは、まさに西アジアの風を感じさせますが、羊肉を伝統的に食している中国の地方でもおなじみです。ボリュームがあり、味の出る骨つき肉のラムチョップで作ります。

ラムチョップのトマト煮

[材料] 4人分

ラムチョップ……4本(400g)
クミンパウダー……小さじ1
トマト……1個
紹興酒……1/2カップ
しょうゆ……大さじ1 1/2
サラダ油……小さじ1

[作り方]

1 トマトは乱切りにする。

2 炒め鍋に油を入れ、ラムチョップを並べて火にかけ、肉の表面の色が変わってきたらクミンを散らす。

3 **2**に紹興酒、しょうゆをふり入れ、煮立ってきたら**1**を加え、弱火にしてふたをし、20分煮る。

クミンは直接羊肉にふりかける。肉の色が白っぽく変わってきたらふりかけどき。

羊肉串《ヤンロウチャン》

文字通り、羊肉を串に刺して焼いたもので、絶品です！　中国東北部の名物料理のひとつですが、北京でも、この引き込まれそうなよい香りを漂わせて焼く風景をよく見かけます。ちょうど日本のうなぎの蒲焼店のような感じでしょうか。バーベキュー用の長い金串をぜひ用意してください。一度味わうと何度でも作りたくなるはずです。

[材料] 4人分

ラム肉 …… 400g
　紹興酒 …… 大さじ2
　しょうゆ …… 大さじ2
クミンパウダー …… 大さじ1
フェンネルパウダー …… 小さじ1

[作り方]

1　ラム肉はやや小さめのひと口大に切って保存用ポリ袋に入れ、紹興酒としょうゆも入れてもみ込み、下味をつけてひと晩冷蔵庫でねかせる。

2　バットなどに**1**のラム肉を広げ、クミンとフェンネルを全体にふりかけてまぶす。

3　金串に**2**を刺し、金網にのせて焼く。

下味をつけてひと晩ねかせたラム肉は漬け汁ごとバットに広げ、クミンとフェンネルをふりかけて香りを移す。

フェンネル、唐辛子や豆豉と合わせて

クミンと合わせていい味を出すのがフェンネル、唐辛子や豆豉です。スパイスは単独で使うのが原則ですが、フェンネルとクミンは例外。いっしょに使うと思いっきりエキゾチックな香りになります。唐辛子はここでは香りというよりピリッとした辛みをきかすため。発酵調味料の豆豉とは相性抜群です。この使い方は羊肉のみならず、魚介、特にえびなどの甲殻類や貝などをおいしくさせます。

いつもの貝の酒蒸しとはひと味違うエキゾチックな逸品になります。これもクミンのおかげです。唐辛子の代わりに豆板醤を使って、コクを出します。この香りのオイルソースをムール貝が充分まとったところで紹興酒で思いっきり風味をつけて蒸し煮します。添える青みにミントを使うところもミソ。あさりなど、ほかの貝でも応用がききます。

［材料］2〜4人分
- ムール貝……8個
- クミン……小さじ1
- 豆板醤……小さじ1
- 紹興酒……$\frac{1}{2}$カップ
- サラダ油……大さじ$1\frac{1}{2}$
- ミント……適量

ムール貝の酒蒸し

［作り方］

1 ムール貝は足糸をむしり取り、殻と殻をこすり合わせて洗い、水けをふき取る。

2 炒め鍋に油とクミンを入れて火にかける。香りが出てきたら豆板醤を加え、さらに香りが出てきたら**1**を加えてざっと炒める。紹興酒をふり入れ、ふたをして3〜4分蒸し煮する。貝の殻が開き、蒸し汁がふつふつしてきたら器に盛り、ミントをのせる。

クミンと豆板醤の香りが充分に出てきたらムール貝を入れ、油の香りをからめるようにしてさっと混ぜる。

えびの炒め物

えびの殻から出る香ばしい香りとクミンとフェンネルのエキゾチックな香り、唐辛子の辛み、そして豆豉のコクが一体となるところにこの炒め物の醍醐味があります。辛みのある青唐辛子を使いましたが、なければ赤唐辛子で代用してもOKです。

開いた背の身の部分にクミンとフェンネルを合わせたパウダーをまぶすようにふりかける。

豆豉の香り、青唐辛子の辛みが充分出てきたところでえびを入れ、油をからめるようにして炒める。

[材料] 2〜3人分

有頭えび …… 6尾
- クミンパウダー …… 小さじ½
- フェンネルパウダー …… 小さじ½
- 片栗粉 …… 大さじ½

豆豉 …… 大さじ2
青唐辛子 …… 小3〜4本
酒 …… 大さじ3
サラダ油 …… 大さじ3

[作り方]

1 クミンとフェンネルは、混ぜ合わせる。

2 豆豉は粗みじん切りにする。青唐辛子は輪切りにする。

3 えびは脚、尾を切り落とし、背中に切れ目を入れて背わたを除く。背を開き、身の部分に**1**をふりかけ、背を閉じて片栗粉を全体にまぶす。

4 炒め鍋に油と**2**を入れて火にかける。香りが出てきたら**3**を入れ、焼きつけるようにして炒める。酒をふり、ふたをして2分ほど、弱火で水分がなくなるまで蒸し炒めにする。

五香粉

ウーシャンフェン

中国で最もポピュラーなミックススパイスで、5種類とは限らず、花椒、八角、陳皮、丁子《ちょうじ》（クローブ）、肉桂《にっけい》（シナモン）、茴香《ういきょう》（フェンネル）、甘草《かんぞう》などを調合して粉状にしたもの。ミックスになっている分、使い方はデリケートに。1種類ずつのスパイスと違い、使い分けができません。ふりかければすべてが五香粉の香りになってしまいます。便利ではありますが、使いすぎると飽きてくるので量に注意して上手に生かすコツをつかみましょう。

内臓や肉料理に

内臓のくさみを消し、肉のくせをやわらげるのに、また独特のエキゾチックな香りを添えるのに、少量使うと効果的です。

魚介に

淡白な白身魚などにもよく合い、中国の風が遠くに吹き抜けるような感じがします。隠し味として、また下味として使います。

内臓や肉料理に

こしょうと同じ感覚で、くせやくさみのある内臓や肉料理の下味や香りづけに使うと、五香粉の強さがよい形で生きてきます。しょうゆなどはっきりした味の調味料と合わせるとおいしさが引き立ちます。

砂肝とたけのこの揚げ炒め

砂肝は鶏の内臓の中では比較的くせがありませんが、デリケートな方は生ぐさみを少し感じるかもしれません。そんなときは、五香粉の出番です。五香粉と塩を混ぜて砂肝に下味をつけると、ぐんとおいしくなります。

[材料] 4人分

鶏の砂肝……300g
—五香粉……小さじ1/2
—塩……小さじ1/4
ゆでたけのこ……150g
しょうゆ……大さじ1
サラダ油……適量

[作り方]

1 砂肝は大きいものは半分に切り、肉厚のころんとした部分に何本か切り込みを入れ、五香粉と塩で下味をつけて1時間おく。

2 ゆでたけのこは1cm幅のくし形切りにする。

3 炒め鍋に油を多めに熱し、水けをふいた1、2の順に素揚げにし、油をきる。

4 炒め鍋の油をあけ、砂肝、たけのこを戻し入れ、しょうゆを加えてからめる。

砂肝に五香粉をふりかけ、塩もふって全体を混ぜ、下味をしっかりつけることで生ぐさみを抑えられる。

豚肉だんごのスープ

野菜入りの肉だんごのスープ煮で、四喜《スーシー》丸子《ワンズー》という中国ではおめでたい席に出される料理。肉だんごの福々しい形から円満という意味が込められています。この大きな肉だんご、ほんの少し五香粉をしのばせることで、豚肉特有のくせが抑えられ、煮込むうちにスープにいい香りがほんのり移ります。

［材料］4人分
豚ひき肉……300g
酒……大さじ1
五香粉……小さじ½
パン粉……20g
卵……1個
しょうゆ……小さじ1
塩……⅓
片栗粉……大さじ1
長芋……200g
スープ
鶏ガラスープの素……小さじ1
水……3カップ

［作り方］
1 ボウルに豚ひき肉を入れ、酒、五香粉、パン粉、卵を順に加えて混ぜ合わせ、しょうゆ、塩、片栗粉も順に加えてさらに混ぜる。
2 長芋は皮をむいて1cm角に切り、1に加えてよく混ぜる。
3 2を4等分してそれぞれだんごにまとめる。
4 鍋にスープを入れて火にかけ、熱くなってきたら3を入れて15分煮る。

酒を入れたら次に五香粉をふり入れ、豚ひき肉とよく混ぜ、香りをしっかりひき肉につけることがポイント。

スープが熱くなったら、肉だんごをくずさないようそっと入れ、ことこと煮込む。

酢豚

オーソドックスな酢豚の下味は塩、こしょうだけでもOKですが、五香粉を少量ふりかけると、香り酢豚になります。野菜などほかの素材をとり合わせず、シンプルに作ることでこのおいしさが際立ちます。

［材料］4人分

豚肉（とんかつ用）…… 300g
- 五香粉 …… 小さじ1/3
- 酒 …… 大さじ1
- 塩 …… 小さじ1/3
- 片栗粉 …… 大さじ1

合わせ調味料
- 黒酢 …… 大さじ2
- しょうゆ …… 大さじ1/2
- 酒 …… 大さじ2
- はちみつ …… 大さじ1

いり白ごま …… 大さじ1/2

揚げ油 …… 適量

［作り方］

1 豚肉は厚みと同じ幅で切り、ボウルに入れて酒、五香粉、塩、片栗粉を順に入れて20分おいて下味をつける。

2 合わせ調味料の材料をよく混ぜ合わせる。

3 油を180℃に熱し、水けをふいた1を入れる。火が通ってきたら上下を返し、からりと揚げて油をきる。

4 フライパンに2を入れて煮立て、3を加えてからめる。器に盛り、ごまをふる。

酒をふり、五香粉をふりかけて香りをもみ込む。あとは塩、片栗粉のみの下味つけ。これがひと味違う香り酢豚の素になる。

魚介に

五香粉は強いミックススパイスですが、不思議なことに比較的淡白な魚によく合います。下味に使ったり、揚げ物などのころもに少量混ぜたり、またソースの隠し味にほんの少し加えたりします。

あじは青背の魚の中でも淡白な魚で、スパイスを生かしやすい素材でもあります。五香粉がかもし出す中国の香りに、一味唐辛子でピリッとした辛みをプラスした下味をつけ、素揚げしてから黒酢しょうゆをかけます。

あじの揚げ物

[材料] 2～3人分

あじ（三枚におろしたもの）……6枚
五香粉……小さじ½
一味唐辛子……小さじ1
合わせ調味料
　酒……大さじ1
　黒酢……大さじ1
　しょうゆ……大さじ1
しょうが……1かけ
揚げ油……適量

あじの身側に五香粉と一味唐辛子を均一にふりかけ、ここでしっかり香りをつけておく。

[作り方]

1 あじは身を上にしてバットに並べ、五香粉と一味唐辛子をふり、15分おいて下味をつける。

2 しょうがはせん切りにする。

3 合わせ調味料の材料を合わせる。

4 180℃の油に**1**を入れ、からりと揚げて油をきり、器に盛る。

5 フライパンに**3**を入れて火にかけ、煮立ったら**2**を加える。少し煮つめ、**4**にかける。

蒸し魚の五香粉油かけ

くせのない白身魚は塩味であっさり蒸せるよさがあります。蒸している間に魚のうま味が逃げないよう、上新粉をまぶすのがコツ。表面がもっちり蒸し上がり、ここに五香粉の香り豊かな熱々のオイルソースをジュッとかけます。塩だけの味に五香粉、この組み合わせはシンプルな魚蒸しを印象深い味に仕上げます。

[材料] 4人分

白身魚(きんめなど) …… 4切れ
塩 …… 小さじ1
上新粉 …… 大さじ1
五香粉 …… 小さじ½
サラダ油 …… 大さじ2
白髪ねぎ …… ½本分

[作り方]

1 バットに白身魚を並べ、塩、上新粉をまぶして下味をつける。

2 蒸気の上がった蒸し器に1を入れ、5〜6分蒸す。蒸し上がったら、器に盛る。

3 フライパンに油と五香粉を入れて火にかけ、香りが出たら熱々を2にかけ、白髪ねぎをのせる。

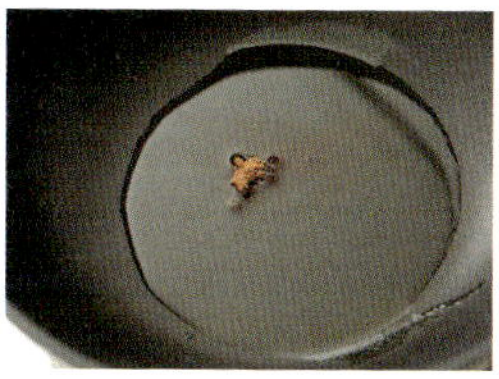

油に五香粉を入れて火にかけて香りを出していく。これだけで香り高いオイルソースに。

陳皮《ちんぴ》

みかんの皮を干したものがすなわち陳皮。スパイスではありますが、漢方薬です。ほかのスパイスもすべて漢方薬ではありますが、陳皮は味の面でも健康面でもどんなにたくさん使っても使いすぎることがない利点があり、そのまま食べられます。すべての料理をさわやかにしてくれるのも陳皮の威力。日本のゆずはフレッシュを使うので冬限定ですが、乾燥品の陳皮は一年中使えるというよさがあります。

皮のまま煮物に

煮物、特に牛肉や鶏肉を煮るときに入れるとさわやかな仕上がりになります。皮のままの状態で入れて煮ながら香りを移していきます。

粉末は隠し味に

ふりかけたり下味に使ったりする場合は、粉末状のものが何かと重宝。市販もされていますが、皮のままの陳皮は、簡単に粉末にすることができます。

デザートや飲み物に

フルーツですから、みかんの香りが合うデザートならなんにでも使えますし、お茶の香りづけに入れることもできます。

皮のまま煮物に

さわやかな香りをつけながら肉のくせをやわらげるという一石二鳥の働きをする陳皮。煮物に使う場合は皮のままのほうが味よく仕上がり、またとり出しやすいという利点もあります。

牛すね肉のさわやかポトフ

牛すね肉から出るスープと陳皮の香り、味は塩だけのポトフです。いっしょに煮る玉ねぎやキャベツからもいい味が出るのでほかに何もいりません。お好みでラー油（39ページ参照）を薬味にしていただくのもおいしいです。

［作り方］

1 牛すね肉は大きめのひと口大に切り、さっとゆでて水けをきる。

2 キャベツは大きめのくし形切りにする。玉ねぎは皮をむき芯を除く。

3 鍋に水4カップ、酒、**1**を入れて火にかける。煮立ってきたら陳皮を加え、アクを除き、弱火にしてふたをし、30分煮る。

4 **3**に**2**の玉ねぎを入れ、さらに20分煮て**2**のキャベツを加える。さらに10分煮て塩で味を調える。

［材料］4人分

牛すね肉……400g
キャベツ……½個
玉ねぎ……2個
陳皮……1個分
酒……½カップ
塩……小さじ1

煮立ったところで陳皮を加え、香りを移しながら弱火で煮込む。

冬場はぜひ陳皮作りを

温州みかんの出回る季節は陳皮作りのシーズンでもあります。みかんを食べた残りの皮をざるに広げ、天日干しするだけ。晴天さえ続けば3～4日、パリッとなるまでよく乾燥させ、乾燥剤とともに密閉容器に入れて保存するか、保存用ポリ袋に入れて冷凍保存を。

粉末は隠し味に

粉末の陳皮はふりかけて香りをつけたり、下味に使ったりと、さまざまに使えて便利です。これはちょうどこしょうのような使い方。違うのは量。たくさん使ってOKなのが陳皮のよさです。

皮の状態のままの陳皮は適当な大きさにちぎり、フードプロセッサーにかければあっという間に陳皮の粉末ができ上がります。

おかゆの薬味に

ザーサイを刻んで陳皮の粉末をまぶし、おかゆ（50ページ参照）の薬味に。もちろんご飯のともにもいいし、このままでおつな酒菜にもなる。

れんこんの甘酢漬け

白くゆでたれんこんをほんのり甘い酢漬けにして陳皮の粉をまぶすだけ。味をなじませ、香りを移すのに時間が必要ですが、あせらずゆっくり作ってください。その価値ありの逸品です。

[材料] 4人分

れんこん …… 200g

合わせ調味料

- 黒酢 …… 大さじ2
- はちみつ …… 大さじ1
- 塩 …… 小さじ$\frac{1}{5}$
- サラダ油 …… 大さじ1

陳皮の粉末 …… 大さじ1

酢 …… 適量

[作り方]

1 れんこんは皮をむき、3〜4cm長さに切って縦4つに切る。

2 1を3%の酢湯（湯1ℓなら酢大さじ2の割合）で10分ゆで、水にさらして水けをきる。

3 容器に合わせ調味料の材料を混ぜ合わせ、2を入れて2時間浸し、味をなじませる。

4 3に陳皮の粉末をまぶし、1時間おいて香りを移す。

豚肉の陳皮蒸し

［材料］4人分

豚肉（しょうが焼き用）…… 250g

陳皮の粉末 …… 大さじ1

塩 …… 小さじ$\frac{1}{2}$強

じゃが芋 …… 2個

酒や香味野菜など使わずに肉のくせを抑えることができるのも陳皮の力です。ふりかけた粉末は蒸し上がっても豚肉につき、このまま食べておいしい。下味をつけるとき、塩を少し強めにふると肉の味が立ってきます。

［作り方］

1 豚肉はバットに並べて塩をふり、陳皮の粉末をふりかけてまぶし、30分おいて下味をつける。

2 じゃが芋は、皮をむいて薄切りにする。

3 セイロにクッキングペーパーを敷き、**1**と**2**を交互に並べ、蒸気の上がった鍋にのせ、ふたをして15分蒸す。

豚肉に塩と陳皮の粉末をまんべんなくふりかけ、肉の重なっている部分にもつくよう返してまぶしつけ、下味をしっかりつける。

豚肉でじゃが芋をはさむように交互に重ねると、蒸している間にじゃが芋にも陳皮の香りが移る。

デザートや飲み物に

こんな使い方ができるのも陳皮ならでは。レモンやゆず、オレンジなどと同じ柑橘一族ですから、スイーツやお茶に合わせられないわけがありません。

プーアール茶に入れて

プーアール茶はカフェインが少なく、刺激のない体によいお茶。独特の発酵臭があり、飲みなれてくるとこれがくせになるのですが、慣れないと敬遠されがち。そんなときに陳皮を入れると、さわやかなお茶になります。夜遅く飲んでも眠れるので、ぜひ覚えてほしいいれ方。ポットにプーアール茶葉と陳皮を入れて熱湯を注ぎ、茶葉が開いたらカップに注ぎます。

りんごの陳皮風味煮

［材料］4人分

りんご …… 2個

はちみつ …… 大さじ3

陳皮の粉末 …… 大さじ1

生クリーム …… 大さじ2

りんごと柑橘はとてもよく合うとり合わせ。陳皮で作れば手軽にりんごのコンポートができます。陳皮は最初から入れると香りが薄れるので、りんごが煮えてから入れます。このときに生クリームも少し入れるとミルキーなデザートになります。

［作り方］

1 りんごは皮をむき、6〜8等分のくし形切りにして芯を除く。

2 鍋に**1**を入れ、水1カップ、はちみつを加えて火にかける。煮立ったら弱火にしてふたをし、20分煮る。

3 **2**に陳皮をふり入れ、生クリームも加えて5分煮てそのまま冷まし、味を含ませる。

りんごがしんなりするまで煮てから陳皮の粉末を入れるのが、香りよく仕上げるコツ。

蒸しケーキ

陳皮の香り豊かな蒸しケーキは、オレンジケーキに勝るとも劣らぬ味。ワンボウルに1本の泡立て器があればあっという間に失敗なくでき上がる手軽さがうれしいです。セイロを型代わりに使うとそのまま蒸せて便利です。

［材料］直径18㎝のセイロ1台分
薄力粉 …… 100g
陳皮の粉末 …… 大さじ2
卵 …… 3個
スキムミルク …… 大さじ2
生クリーム …… 大さじ2
メイプルシロップ …… 大さじ4
ベーキングパウダー …… 大さじ1

［作り方］

1 ボウルに卵を割りほぐし、薄力粉とベーキングパウダーを合わせてふるい入れ、泡立て器でよく混ぜる。

2 **1**にそのほかの材料をすべて加えてさらに泡立て器でよく混ぜ合わせる。

3 セイロにクッキングペーパーを敷き込み、**2**を流し入れる。

4 蒸気の上がった鍋に**3**をのせ、ふたをして10分強火で蒸し、弱火にしてさらに10分蒸す。粗熱がとれたらペーパーを除き、食べやすく切り分ける。

卵と粉を混ぜたら陳皮の粉末を加えて泡立て器でよく混ぜ合わせる。

クッキングペーパーをセイロに敷き込むとケーキの型になり、鍋にのせてこのまま蒸せる。

中国家庭料理の主な副素材

この本では5つの発酵調味料と5つのスパイスの使い方を、具体的な料理を通してご紹介しましたが、それ以外にも風味をつけたりコクを与えたりする調味料やそれに準ずる副材料があります。本書のレシピに何度か登場しているものを中心に、ひとことご説明したいと思います。なお〝酒〟〝しょうゆ〟については、中国の家庭料理でごくふつうに使う酒やしょうゆがありますが、これは日本の清酒やしょうゆで充分対応できるので、あえて中国のものを使わずにレシピを作りました。

乾物

乾燥させることで素材に含まれる水分がとび、味が凝縮されるので、うま味たっぷり。だしとしても活用できるものが多いのはこのため。〝低温で長時間かけてもどす〟が中国料理での基本的な方法です。

干し貝柱

平貝や帆立貝の貝柱をゆでて乾燥させたもので、濃いうま味が出る食材です。かたく乾燥していて黒ずんでおらず、薄いべっ甲色で型くずれしていないものが上質。保存は冷凍庫で。干し貝柱を単独で料理に使うことはほとんどなく、もどしてうま味だしとして利用する役割が大です。もどし汁も極上のだしなので捨てずに活用します。もどすときは、汚れをさっと洗い、保存用ポリ袋などに入れ、ひたひたの水を加えて袋の口を閉め、冷蔵庫でひと晩おき、漬け汁ごと蒸気の上がった蒸し器で蒸すと、芯までふっくらもどります。

干しえび

えびの種類により大小や形の違いがありますが、中国料理で使う干しえびはさるえび、あかえび、とらえびなどの小えびを薄い塩水でゆでて乾燥させたものです。有頭殻つきのものもありますが、多くは頭と殻、尾を除いたむきえびの状態。特有の風味とあっさりとした甘みがあり、おいしいだしがとれるので、炒めて香り出ししたり、煮込みやスープなどさまざまな料理に活用できます。もどして使う場合は、基本的に干し貝柱同様、低温でゆっくり時間をかけ、ふっくらもどすのが基本です。

きくらげ

主として広葉樹の枯れ枝、切り株などに群生するきのこで、広げてみると人間の耳の形をしているので木耳と書きます。近年生が夏から秋にかけて出回るようになりましたが、ほとんどが乾物。大きくて軽く、表面が黒く、よく乾燥しているものを選びましょう。水につけてゆっくり柔らかくもどします。もどすと7倍近くの量になるので分量に気をつけましょう。石づきのかたい部分が残っているものは切り取ってから調理を。本来味らしい味がないきのこですが、独特の歯ごたえがあり、ほかの材料と合わせて使うととてもおいしくなる不思議な存在です。

種実とその加工品

油脂分が多く含まれ、料理にまろみやコクを与えると同時に、ミネラルやビタミンB_1に富み、体によい素材でもあります。

芝麻醤《チーマージャン》

香ばしく炒った白ごまを油が出るまでよくすってペースト状にしたもので、ごま油などの植物油を加えて溶きのばしたものが一般的です。和食で使う練りごまと見た目はよく似ていますが、味も香りもこちらのほうが濃厚です。しょうゆや酢、砂糖などと合わせると、濃厚な芝麻醤ダレができますし、本書に掲載した羊肉のしゃぶしゃぶ鍋のタレ（58ページ参照）や棒々鶏《バンバンヂー》のタレ（94ページ参照）など、レシピの材料で「練りごま」とあるものを芝麻醤にかえると、さらに濃厚な味になります。

松の実

松笠（まつぼっくり）の中にある種子で、市販されているほとんどは殻をむいた状態です。油脂分を多く含み、濃厚な味わい。独特な風味と柔らかい歯ざわりが特徴で、そのままでもおいしく、おかゆのともにしたり、コクと風味をつけるために炒め物に使ったりしますが、揚げ物やお菓子などにも多用します。ちなみに食用になる松の実は世界中に数種類あり、日本産のものでは、北海道や中部地方の高地に生える朝鮮五葉松の種子。松の実とともに炒め物によく使う種実に**カシューナッツ**があります。歯ごたえのよさと香ばしさが特徴で、炒って殻をむいたものが市販されています。腎臓の形に似ているので中国では腰果《ヤオクオ》（中国語で豚の肝臓の意味）といわれていて、中国料理のレストランのメニューに炒《チャオ》鶏《チー》腰果《ヤオクオ》とあるのは、鶏のカシューナッツ炒めのことです。ちなみにカシューナッツは、カシューアップルという洋梨形をした果実の先端につく勾玉形のナッツの仁です。

その他の副材料

そのまま食べたり、料理に合わせて使う中国の食材です。

ザーサイ

中国の代表的な漬け物。からし菜や高菜の仲間で四川省が産地。こぶのように太った茎の根元の部分を干してから塩漬けにし、水分をよくきって唐辛子や花椒などの香辛料をきかせて漬け込み、熟成させたものです。丸のままのものは基本的に塩辛いので塩抜きして使いますが、塩を抜きすぎるとなんともはやおいしくないので、薄切りにして水につけたら、何回か食べてみて、ほどよい塩味を残すのがおいしく使うコツ。薄切りの製品はそのまま食べられるので塩抜き不要。どちらも独特の酸味とシャキシャキした歯ざわりを生かして炒め物や和え物などに使います。

ピータン

あひるの卵の加工品。茶の煎じ汁、草木の灰、石灰、粘土、塩などをどろどろに混ぜてペースト状にし、これを殻の上から厚く塗り、さらにもみ殻をかぶせて1～2ヵ月漬け込んだもの。石灰のアルカリが作用して白身は黒っぽいゼリー状になり、黄身は黒緑色の半熟状に変わり、こういう状態になっているものが上質のもの。白身が透き通っていないものや黄身の中心がかたいものは質が落ちます。また卵白の部分に松の花形の結晶が見られるため、松花蛋《スンホワタン》とも呼ばれます。使うときは、土を軽くたたいて割り、水につけて泥をゆるめ、洗い落として殻をむきます。アンモニア臭が強く感じられるものも殻をむいてしばらくおくと消えます。

材料別料理索引

きのこ

豆とその加工品

乾物・塩蔵品

ご飯・麺・小麦粉

その他

ウー・ウェン（呉 雯）

北京市生まれ。北京師範大学卒。１９９０年に来日。料理上手の祖母、母のもとで確かな味覚を育まれ、結婚、育児の中で料理の腕を磨き、いつしかおもてなし料理が評判に。１９９７年ＮＨＫ出版「エイチツーオー」誌で発表の「北京の小麦粉料理」が人気を博し、料理研究家の道へ。毎日でも食べたいおいしさと手軽に作れるレシピは多くのファンを魅了。雑誌、テレビ、新聞などのマスコミで活躍するかたわら、東京と北京で料理教室を主宰。中国家庭料理のみならず、暮らしの知恵や文化の伝え手として多忙な日々を過ごしている。『ウー・ウェンの北京の小麦粉料理』『大好きな炒めもの』『ウー・ウェンの黒酢でおかず』（以上小社刊）、『東京の台所　北京の台所』（岩崎書店）など書著多数。

ウー・ウェンクッキングサロン
TEL ０３－３４４７－６１７１　E-mail: lin-wu@ii.em-net.jp

料理製作アシスタント……田中憲子　伊豆田頼子　中村明美
城野洋子　若松晴江
高野佐和子　後藤真由美
構成・編集……岡野純子
アートディレクション……昭原修三
レイアウト……植田光子（昭原デザインオフィス）
撮影……白根正治
プロデュース……高橋インターナショナル

ウー・ウェンの中国調味料＆スパイスのおいしい使い方

著　者　ウー・ウェン
発行者　髙橋秀雄
発行所　高橋書店
〒１１２－００１３　東京都文京区音羽１－２６－１
編集　TEL ０３－３９４３－４５２９　FAX ０３－３９４３－４０４７
販売　TEL ０３－３９４３－４５２５　FAX ０３－３９４３－６５９１
振替　００１１０－０－３５０６５０
http://www.takahashishoten.co.jp/

ISBN978－4－471－40043－9　©WU Wen Printed in Japan